Verena Kast

Wie eine Frau ihren Mann zurückgewinnt

Mit Märchen leben

Verena Kast

Wie eine Frau ihren Mann zurückgewinnt

Die Nixe im Teich

Kreuz

Die Deutsche Bibliothek – CIP-Einheitsaufnahme
Ein Titeldatensatz für diese Publikation ist bei
Der Deutschen Bibliothek erhältlich

Neu gestaltete Ausgabe des erstmals 1995 im Kreuz Verlag Zürich
erschienenen Titels »Die Nixe im Teich. Gefahr und Chance
erotischer Leidenschaft«.

1 2 3 4 5 06 05 04 03 02

Ein Unternehmen der Verlagsgruppe Dornier
Postfach 80 06 69, 70506 Stuttgart, Tel. 0711-78 80 30
Sie erreichen uns rund um die Uhr unter www.kreuzverlag.de
Umschlaggestaltung: Atelier Reichert, Stuttgart
Umschlagfoto: Werner H. Müller, Stuttgart
Satz: de·te·pe, Aalen
Druck und Bindung: Clausen & Bosse, Leck
Die Schreibweise entspricht den Regeln
der neuen Rechtschreibung.
ISBN 3 7831 2158 2

Inhalt

Mein Lieblingsmärchen

Von Angela Seifert

Es war einmal ... ein kleines Mädchen, ein kleiner Junge, etwa vier, fünf Jahre alt. In dieser Zeit gab es Ereignisse, die das weitere Leben der/des Kleinen bestimmten ...«

So könnte Ihr eigenes Märchen beginnen. Natürlich kann ich es nicht weiterschreiben, weil ich Sie und Ihre Geschichte nicht kenne, doch ich kann aus meinen Erfahrungen als Psychotherapeutin einiges erzählen, was Ihnen hilfreich sein könnte, selbst ein wenig Klarheit in Ihre Lebensgeschichte zu bringen – wenn das Ihr Anliegen ist.

In der Transaktionsanalyse, die der amerikanische Psychiater und Psychotherapeut Eric Berne begründet hat, arbeiten wir auch mit den Lieblingsmärchen aus der Kindheit und den Geschichten, die später im Leben bedeutungsvoll für die/den Betreffende/n geworden sind.

Wenn Sie wollen, können Sie einmal schauen, ob Sie Ihr persönliches Skriptmuster, Ihr Lebensdrehbuch im Märchen *Die Nixe im Teich* entdecken.

An welche Ereignisse erinnern Sie sich, als Sie vier oder fünf Jahre alt waren? Wie haben Sie sich damals in der Familie, in der Sie aufgewachsen sind, erlebt? Am besten, Sie schreiben erst einmal alles auf, was Ihnen einfällt.

Und wenn Sie noch ein Übriges tun wollen, um Ihrer Skriptgeschichte auf den Grund zu gehen, empfiehlt es sich, bevor Sie weiter lesen und vor allem, bevor Sie das Märchen noch einmal lesen, eine kurze Inhaltsangabe des Märchens aus dem Gedächtnis aufzuschreiben, nach dem, was Sie davon noch erinnern. Sie soll wirklich nur kurz sein, fassen Sie das für Sie Wesentliche in wenigen Sätzen zusammen.

Falls Sie sich darüber hinaus noch an ein Buch, Theaterstück, Kinofilm erinnern, das/der Sie in der Zeit der Pubertät, also zwischen 12 und 18 Jahren, sehr beeindruckt hat, schreiben Sie auch eine kurze Zusammenfassung davon. Und wenn Sie dann noch Lust zu weiteren Recherchen über Ihren unbewussten Lebensplan haben, überlegen Sie, welche Geschichte Ihnen in den vergangenen zwei bis drei Jahren wichtig war, und verfahren mit ihr wie mit der Zusammenfassung des Märchens und der Pubertätsgeschichte.

Anschließend können Sie schauen, ob Sie ein gemeinsames Thema zwischen dem Märchen und der Geschichte aus den vergangenen zwei bis drei Jahren entdecken. Das Thema der Pubertätsgeschichte wird auch entweder ähnlich sein, oder es zeigt eine Gegenposition auf. Denn die Adoleszenz ist oft eine Zeit der Rebellion, und da konstelliert sich im Heranwachsenden eine Tendenz, das Alte, Vertraute aufzubrechen, die bis dahin abgelehnte Seite – oft ist es die ureigene, die den Eltern zuliebe unterdrückt wird – in das Verhaltensrepertoire mit aufzunehmen. Die Lieblingsgeschichte aus der Pubertät kann also, falls das Lieblingsmärchen aus der Kindheit und die bevorzugte Lektüre aus jüngster Zeit eine Einseitigkeit und damit eine Einschränkung des Lebendigseins aufweisen, die Lösung beinhalten.

Zu einem »richtigen« Drehbuch für das Theater oder für einen Film gehören ganz bestimmte Rollen:

- die Hauptperson, um die sich das Ganze dreht – in den Märchen Held oder Heldin genannt – diese Rolle teilt das Kind natürlich sich selbst zu;
- der Widersacher/die Widersacherin, der/die das Leben erschwert – im Märchen tritt diese Person meist als böser Zauberer, Riese, als alte Hexe oder, wie hier, als schöne Nixe auf –, die das Kind in der Person erlebt, die hauptsächlich seine Spontaneität einschränkt;
- der Retter/die Retterin – z. B. eine gute Fee, ein alter Weiser, oft übernehmen auch hilfreiche Tiere diesen Part –,

diese Rolle überträgt das Kind manchmal einer lieben Oma oder einem verständnisvollen Opa und anderen Menschen, denen es vertraut.

- Dann gibt es auch noch weitere Personen, die unverzichtbar sind, sowie einige Randfiguren, die dazu beitragen, dass die Geschichte unerwartete Verwicklungen erhält, also spannend ist und nicht allzu rasch zu Ende geht.
- Und natürlich, das Wichtigste bei jedem spannenden Drehbuch: Es gibt am Schluss etwas zu gewinnen, eine Prinzessin oder einen Königssohn, einen Schatz, den geliebten Mann, die geliebte Frau, und manchmal sogar das eigene Leben.

Aber die Spannung der Geschichte besteht darin, dass es mittendrin oft so aussieht, als sei dieser Gewinn nicht zu erzielen, als sei er für immer verspielt, als müsste am Ende der Held/die Heldin als Verlierer/Verliererin dastehen.

Es ist eben wie im richtigen Leben, denn Drehbücher jedweder Art werden nach den Erfahrungen geschrieben, die das Leben liefert.

Gerade in den Geschichten der frühen Kindheit, also im Vorschulalter, wird das Thema des weiteren Lebens besonders eindrucksvoll deutlich. In diesem Alter sind Kinder sehr aufnahmebereit für alles, was um sie herum geschieht, sie beobachten genau die Menschen, mit denen sie zu tun haben, vor allem natürlich Mutter, Vater und Geschwister, und sie treffen eine, später meist nicht mehr bewusste, Entscheidung. Zum Beispiel kann ein Kind sich sagen: »Ich werde nie mehr meine Gefühle zeigen«, wenn es erlebt, dass seine Gefühle nicht ernst genommen werden. Und als Erwachsene/r wird dieser Mensch dann als überwiegend rational denkend oder gar als gefühlskalt von anderen wahrgenommen. Oder ein Kind sieht, dass jemand in der Familie oft krank ist und deswegen besonders viel Aufmerksamkeit erhält. Es kann sich vornehmen: »Ich werde auch oft krank sein, dann kümmern sich die anderen um mich.« Oder – das ist manchmal bei einem Kind der Fall, das als jüngstes in einer Familie aufwächst – es spürt, dass Mama es am liebsten immer bei sich haben, es nicht eines Tages hergeben möchte, dann kann es sich vornehmen: »Ich verlasse Mama nie. Am besten, ich werde gar nicht wirklich erwachsen.« Daraus wird möglicherweise ein Mensch, der auch im Alter noch kindlich wirkt und von anderen Menschen, z. B. in seinen Partnerschaften, auf ungesunde Weise abhängig bleibt.

Wir nennen diese Schlussfolgerung, die das Kind aus dem zieht, was es in der Familie erlebt – es gibt natürlich noch viel mehr, als die hier kurz geschilderten – seine »Skriptentscheidung«. Sie ist maßgebend für den, zunächst einmal unbewussten, persönlichen Lebensplan, denn die Gefühlsreaktionen und Verhaltensweisen werden um die entsprechende Entscheidung herum aufgebaut.

Als Vor-Bilder, um so ein »Lebensdrehbuch« innerlich »schreiben« zu können, sucht sich das Kind aus den Geschichten, die es hört, diejenigen aus, die am besten zu seiner jeweiligen Entscheidung passen. Zum Beispiel kann es sich mit der jungen Frau in diesem Märchen identifizieren, die alles tut, um ihren geliebten Mann wiederzugewinnen, weil es beispielsweise in seiner Familie nur dann genügend beachtet wird, wenn es viel für andere tut.

So werden die Märchen, die das Kind in der frühen Kindheit hört, zu Leitbildern für ein bestimmtes Muster, für sein Lebensskript. Es projiziert sowohl seine innere Not, seinen Tatendrang und Veränderungswunsch als auch seine Hoffnung, die Möglichkeit der Erlösung und geistigen Bereicherung auf die Gestalten, die ihm das Märchen vorstellt.

Wenn nun jemand sein Lebensskript kennen lernen will, sind dazu die Märchen aus der Kindheit besonders geeignet, weil in ihnen immer – im Gegensatz zu den längeren Geschichten eines Buches – nur ein Thema behandelt wird.

Wenn man viele Lebensgeschichten kennen lernt, fällt auf, dass es für ein Kind zunächst fast immer das Wichtigste ist, seine Eltern glücklich zu machen. Die meisten Kinder tun unheimlich viel für Mama und Papa, wobei dann die Tragik des weiteren Lebens darin besteht, dass sie an dieser »Aufgabe« scheitern. Einem Kind kann es nicht gelingen, dass Mutter und Vater glücklich und gesund sind, dafür können die beiden nur selber sorgen. Zu diesem Zweck kommt das Kind auch nicht auf die Welt. Es wird geboren, um selbst sein Leben zu leben, seinen eigenen Weg zu gehen und sein Glück zu finden. So wie der Held/die Heldin im Märchen. In diesem Märchen ist zu Beginn die Rede davon, dass ein reicher Mann auf einmal arm wird. Wenn wir das Geld symbolisch sehen, dann heißt es Kraft und Macht. Das Männliche ist offensichtlich nicht mehr mächtig. Und so fühlt das Kind sich aufgerufen, etwas zu unternehmen, um die missliche familiäre Lage zu verändern.

Haben Sie möglicherweise auch viel für die Eltern getan, weil diese Ihnen Leid taten, weil Sie diese lieber froh als unglücklich sehen wollten? War es Ihnen wichtig, dass Mama stolz auf ihren Kleinen, Papa zufrieden mit seiner Tochter ist? Haben Sie vielleicht besonders viel Rücksicht genommen und sich ruhiger verhalten, als es Ihrem Temperament entsprochen hat, wenn Mama wieder einmal Kopfweh hatte oder sehr angestrengt war, weil sie noch weitere Geschwister versorgen oder Geld verdienen musste? Möglicherweise nahmen Sie sich damals vor, schnell selbstständig zu werden, um Mama zu entlasten und ihr keine Sorgen zu machen. Vielleicht war Ihr Vater recht stolz auf seine gehorsame Tochter oder auf seinen pfiffigen Sohn und Sie wollten ihn nicht enttäuschen und haben stets nach einer besonderen Lösung für eine schwierige Aufgabe gesucht.

Da kann es natürlich schon im zarten Kindesalter zu Überforderungen kommen, und die Folge davon könnte sein, dass Sie später im Leben die an Sie gestellten Aufgaben zu spät richtig einschätzen können und sich aus Angst, etwas zu verpassen oder zu unterlassen, mehr aufladen, als

Sie realistischerweise schaffen können. Oder Sie sind als Erwachsene/r froh, endlich der Enge der überfürsorglichen Eltern entronnen zu sein, und gehen jetzt Ihr Tagewerk eher locker an, so nach der Devise »don't worry – be happy« – so wie der Sohn des Müllers voller Leidenschaft ein Reh gejagt und darüber vergessen hat, dass er in eine gefährliche Situation geraten ist?

Wie auch immer – eine Zeitlang macht es im Leben wenig aus, wenn man sich unter- oder überfordert, doch auf Dauer kann beides zu unangenehmen Folgen führen. Zumindest wird der eigene Lebensgewinn dadurch in Frage gestellt.

Hier wäre also für Sie die Frage nach Ihren Begabungen und Fähigkeiten wichtig. Wissen Sie um alle Begabungen, die in Ihnen angelegt sind, also könnten Sie – im übertragenen Sinne – den verlorenen Liebsten wieder zurückgewinnen? Oder meinen Sie, dass Sie sich keine Sorgen um Ihre Zukunft machen müssen, weil ein gutes Schicksal – die Alte in ihrer einsamen Hütte – schon für Sie sorgen wird? In diesem Märchen werden zwei leichtsinnige Männer – der Müller verliert sein Geld und der Sohn sein Leben – und zwei entschlossene weibliche Gestalten geschildert – die Nixe und die Frau des Jägers – die sich das holen, was sie sich so sehnlich wünschen.

In der Tat begegnen uns ja immer wieder Menschen, die unbeirrbar und beharrlich scheinbar unlösbare Aufgaben oder langwierige Unternehmungen bewältigen. Es ist manchmal fast unglaublich, zu welchen Taten ein Mensch in seinem Leben fähig ist, was er oder sie leisten und erreichen kann. Doch manchmal können auch diese Menschen die Kräfte verlassen, eine Depression lässt sie in sich zusammen sinken und allen Mut verlieren oder sie arbeiten aus einer inneren Verzweiflung heraus noch mehr, wie der Jäger und seine Frau, die lange Jahre Schafe hüten mussten.

Dieses Märchen zeigt, dass Willenskraft und Ausdauer auch ihre Grenzen haben, dass man nicht alles nur selber machen kann, was man sich wünscht, sondern dass es auch das Schicksal gut mit einem meinen muss, damit das Glück erreicht wird. Innerpsychisch heißt das, die beiden Menschen können nicht aus eigener Kraft das gut machen, was ihre Eltern versäumt haben, sie müssen auch auf das Eingreifen des Schicksals – hier »Zufall« genannt – warten.

Wenn *Die Nixe im Teich* Ihr Lieblingsmärchen ist, verfügen Sie möglicherweise über die Zielgerichtetheit und Beharrlichkeit, die sowohl die Nixe, als auch die Frau des Jägers auszeichnet, oder, im Gegenteil, Sie erleben sich oft als kraft- und machtlos, so dass Sie sich diese beiden starken Wesen als Vor- und Leitbild gesucht haben.

Das Thema dieses Märchens heißt »Treue und Beharrlichkeit«. Die Nixe wartet »treu«, in diesem Fall geduldig, bis der Jäger den entscheidenden Fehler begeht und sich ihr nähert, die Frau des Jägers tut alles, was sie kann, um ihren geliebten Mann zurückzuholen. Sie nimmt alle Anstrengungen in Kauf, um ihren Liebsten zu erlösen und vertraut dabei ganz auf das Unbewusste, das ihr im Traum die Richtung weist, in die sie gehen muss. Sie vertraut ihrem Schicksal, ihrem Gefühl und ihrer Intuition, welche durch die Alte in der einsamen Hütte, die Mondnächte am See und die Zeit des Schafehütens, als Symbol für eine introvertierte Lebenseinstellung beschrieben werden.

Wie passt das zu Ihrem persönlichen Lebensthema? Kann es sein, dass auch Sie sich als Kind aufgrund einer stark ausgeprägten Intuition schnell gemerkt haben, wenn andere Menschen, vor allem Mutter und Vater, unglücklich waren und sich aufgerufen fühlten, deren Kummer zu lindern? Haben Sie sich vielleicht am Liebsten nur in Ihrem »Reich«, in Ihrem Zimmer, bzw. in Ihren Phantasien und Träumen aufgehalten, wie die Nixe auf dem Grund ihres Teiches? Sind Sie dann aber oft gestört, ungeduldig oder gewaltsam von den anderen Familienmitgliedern da herausgerissen worden und fühlten sich unglücklich?

Welche Konsequenz hat der kleine Junge/das kleine Mädchen, der/das Sie damals gewesen sind, daraus gezogen, bzw. welche Entscheidung hat er/es getroffen? »Ich werde einmal ...« – wie geht der Satz für Sie weiter?

Wenn Sie diesen zentralen Satz Ihres Lebensdrehbuchs gefunden haben, auch aufgrund der drei Geschichten, die Sie als Zusammenfassungen schrieben, dann schauen Sie jetzt einmal, ob Sie ihm bisher gefolgt sind und ob Sie ihm weiterhin folgen wollen.

Die so genannte Skriptentscheidung ist für das Kind eine optimale Möglichkeit zur notwendigen Lebensbewältigung. Es fasst den Entschluss ja aus den Gegebenheiten, die es in der Familie vorfindet, in die es hineingeboren wurde. Es hat die Menschen seiner Umgebung bis zu diesem Zeitpunkt gut genug kennen gelernt, um abschätzen zu können, auf welche Art und Weise es größtmögliche Bestätigung und Zuwendung erhält. Denn darauf ist jedes Kind in höchstem Maße angewiesen. Erwachsene brauchen sie natürlich auch, doch in der Kindheit sind Bestätigung und Zuwendung lebensnotwendig.

Insofern ist jede Skriptentscheidung eine kreative, bestmögliche Lösung für das Kind in dem Leben, wie es sich ihm stellt. Erst später merken die Erwachsenen dann oft, dass diese Grundsätze, die das Kind sich damals gegeben hat, heute nicht mehr so recht passen, dass sie das Leben einengen, dass sie eher ein Gefängnis sind als einen weiten Spielraum für die vielfältigen Lebensmöglichkeiten zu lassen.

Aber das Bekannte bietet ja Sicherheit, während das Unbekannte erst einmal Angst machen kann. Aus diesem Grund halten dann Menschen manchmal lieber an alten Mustern fest, als sich neuen Erfahrungen zu öffnen.

Im Märchen *Die Nixe im Teich* ist die Notwendigkeit der Hingabe des Ichs – »ich« kann der Nixe entkommen, »ich« kann den Liebsten erlösen – sehr deutlich beschrieben. Die Frau des Jägers kann ihren Mann ohne die Hilfe des Schicksals nicht zurückgewinnen, der Jäger entkommt der Nixe nicht durch eigene Anstrengung. Beide können ihr Glück nur erreichen, indem sie beharrlich und geduldig die Schmerzen, die zur Entwicklung der Bewusstheit gehören, ertragen, ohne zu verzweifeln und sich aufzugeben.

Vielleicht ist Ihnen das ja auch ein Anliegen: zu wissen, dass Sie nicht alle Aufgaben im Leben allein aus eigener Kraft heraus lösen können und darauf zu vertrauen, dass ein gütiges Schicksal Ihnen zur rechten Zeit schon einen Hinweis geben wird, der Ihnen zeigt, wo Ihr Weg weiter geht.

Und es gibt noch einen ganz wichtigen Punkt anzusprechen: Eric Berne warnte immer wieder davor, einem inneren, unbewussten »Dämon« anheim zu fallen, der alles, was man sich so schön aufgebaut hat, zunichte machen könnte. Hier liegt die Gefahr darin, unachtsam zu werden – der Jäger beim Verfolgen des Rehs – und sich selbst zu überschätzen – seine Frau läuft ohne Rast und Ruh um den Teich, ohne dadurch etwas zu erreichen. Es ist sehr wichtig, immer wieder zu bedenken, dass zwei starke Kräfte den Menschen bestimmen: die in das Leben hineindrängenden und die das Leben wieder verlassen wollenden. Sigmund Freud nannte sie »Lebenstrieb«, »Libido« und »Todestrieb«, »Destrudo«. Mit beiden Kräften sollten wir bewusst umgehen, denn alles, was unbewusst verläuft, entzieht sich unserer Kontrolle und Steuerung. Leider handeln viele Menschen selbst-destruktiv, weil sie sich nicht wirklich mögen. Gerade für sie könnte dieses Märchen eine große Hilfe sein, weil es zeigt, wie das Leben verspielt werden kann, wenn man nicht achtsam und liebevoll bezogen auf sich selbst lebt.

Im alten Griechenland jedoch verstand man unter dem »Daimon« eine inspirierende Kraft. Hier ist sie symbolisiert in den Attributen der Schicksalsfrau: dem Kamm, der Flöte und dem Spinnrad. Es sind letztlich Symbole der Ordnung: die Haare werden mit dem Kamm, die Wolle mit dem

Spinnrad und die Töne mit einem Instrument zu Melodien geordnet. Man könnte also sagen, sie dienen der Lebensgestaltung. Wenn wir in dem Wort »Daimon« aber den »Dämon« sehen, dann bedeutet es zwar die gleiche Kraft, doch eine, die zerstörerisch wirkt. In diesem Märchen ist sie symbolisiert in der Gedankenlosigkeit, die zu Beginn der Müller zeigt, so dass er sein ganzes Geld verliert und darin, dass er nichts von der bevorstehenden Geburt seines Kindes weiß, sowie in der Unachtsamkeit des Jägers, der in seiner Jagdleidenschaft nicht an die Gefahr der Nixe im Teich denkt. Anders gesagt: Die größte Stärke, die wir haben – das Ordnen der Gedanken und der Kräfte zur Lebensgestaltung – kann zur größten Schwäche werden, und wenn wir meinen, irgendwo eine Schwäche zu spüren, kann insgeheim gerade in ihr eine große Stärke liegen. Das heißt: Uns allen steht ein starker seelischer Energiestrom zur Verfügung, doch müssen wir darauf achten, wie und in welcher Art und Weise wir ihn für uns in Anspruch nehmen, damit er uns dient. Die beiden Liebenden nehmen bereitwillig die Qualen einer zeitweisen Einsamkeit im Schafehüten an. So finden sie wieder zueinander. Wir können mit dieser Energie, der Libido, viel Gutes für uns und andere tun, wir können darauf achten, dass sie unser Leben bereichert und nicht schmälert. So werden wir mit ihrer Hilfe letztendlich zum »Gewinner«. Für das eigene Leben heißt gewinnen: sich ganz individuell, ganz einzigartig, als die und der sie und er gemeint ist, zu entwickeln, alles was an Begabungen angelegt ist, herauszuholen, zu fördern und schließlich mit sich selbst und der Welt in Einklang und Frieden zu sein.

Um dies zu erreichen, lohnt es sich bestimmt, das Thema und das »Drehbuch« des eigenen Lebens kennen zu lernen, sich also dazu die Geschichten anzuschauen, die uns auf unserem bisherigen Lebensweg begleitet haben.

Ich wünsche Ihnen für diese spannende Suche viel Neugierde und viel Freude!

Verena Kast

Wie eine Frau ihren Mann zurückgewinnt

Die Nixe im Teich

Ein Märchen der Brüder Grimm

Es war einmal ein Müller, der führte mit seiner Frau ein vergnügtes Leben. Sie hatten Geld und Gut, und ihr Wohlstand nahm von Jahr zu Jahr noch zu. Aber Unglück kommt über Nacht: wie ihr Reichtum gewachsen war, so schwand er von Jahr zu Jahr wieder hin, und zuletzt konnte der Müller kaum noch die Mühle, in der er saß, sein Eigentum nennen. Er war voll Kummer, und wenn er sich nach der Arbeit des Tags niederlegte, so fand er keine Ruhe, sondern wälzte sich voll Sorgen in seinem Bett. Eines Morgens stand er schon vor Tagesanbruch auf, ging hinaus ins Freie und dachte, es sollte ihm leichter ums Herz werden. Als er über dem Mühldamm dahinschritt, brach eben der erste Sonnenstrahl hervor, und er hörte in dem Weiher etwas rauschen. Er wendete sich um und erblickte ein schönes Weib, das sich langsam aus dem Wasser erhob. Ihre langen Haare, die sie über den Schultern mit ihren zarten Händen gefasst hatte, flossen an beiden Seiten herab und bedeckten ihren weißen Leib. Er sah wohl, dass es die Nixe des Teichs war, und wusste vor Furcht nicht, ob er davongehen oder stehen bleiben sollte. Aber die Nixe ließ ihre sanfte Stimme hören, nannte ihn beim Namen und fragte, warum er so traurig wäre. Der Müller war anfangs verstummt; als er sie aber so freundlich sprechen hörte, fasste er sich ein Herz und erzählte, ihr, dass er sonst in Glück und Reichtum gelebt hätte, aber jetzt so arm wäre, dass er sich nicht zu raten wüsste. »Sei ruhig«, antwortete, die Nixe, »ich will dich reicher und glücklicher machen, als du je gewesen bist, nur musst du mir versprechen, dass du mir geben wirst, was eben in deinem Hause jung geworden ist.« – »Was kann das anders sein«, dachte der Müller, »als ein junger Hund oder ein junges Kätzchen?« und sagte ihr zu, was sie verlangte. Die Nixe stieg wieder in das Wasser hinab, und er eilte getröstet und guten Mutes nach seiner Mühle. Noch hatte er sie nicht erreicht, da trat die Magd aus der Haustüre und rief ihm zu, er sollte sich freuen, seine Frau hätte ihm einen kleinen Knaben geboren. Der Müller stand wie vom Blitz gerührt; er sah wohl, dass die tückische Nixe das gewusst und ihn betrogen hatte. Mit gesenktem Haupt trat er zu dem Bett seiner Frau, und als sie ihn fragte: »Warum freust du dich nicht über den schönen Knaben?« so erzählte er ihr, was ihm begegnet war und was für ein Versprechen er der Nixe gegeben hatte. »Was hilft mir Glück und Reichtum«, fügte er hinzu, »wenn ich mein Kind verlieren soll? Aber was kann ich tun?« Auch die Verwandten, die herbeigekommen waren, Glück zu wünschen, wussten keinen Rat.

Indessen kehrte das Glück in das Haus des Müllers wieder ein. Was er unternahm, gelang, es war, als ob Kisten und Kasten von selbst sich füllten und das Geld im Schrank über Nacht sich mehrte. Es dauerte nicht lange, so war sein Reichtum größer als je zuvor. Aber er konnte sich nicht ungestört darüber freuen: die Zusage, die er der Nixe getan hatte, quälte sein Herz. Sooft er an dem Teich vorbeikam, fürchtete er, sie möchte auftauchen und ihn an seine Schuld mahnen. Den Knaben selbst ließ er nicht in die Nähe des Wassers: »Hüte dich«, sagte er zu ihm, »wenn du das Wasser berührst, so kommt eine Hand heraus, hascht dich und zieht dich hinab.« Doch als Jahr auf Jahr verging und die Nixe sich nicht wieder zeigte, so fing der Müller an, sich zu beruhigen.

Der Knabe wuchs zum Jüngling heran und kam bei einem Jäger in die Lehre. Als er ausgelernt hatte und ein tüchtiger Jäger geworden war, nahm ihn der Herr des Dorfes in seine Dienste. In dem Dorf war ein schönes und treues Mädchen, das gefiel dem Jäger, und als sein Herr das bemerkte, schenkte er ihm ein kleines Haus; die beiden hielten Hochzeit, lebten ruhig und glücklich und liebten sich von Herzen.

Einstmals verfolgte der Jäger ein Reh. Als das Tier aus dem Wald in das freie Feld ausbog, setzte er ihm nach und streckte es endlich mit einem Schuss nieder. Er bemerkte nicht, dass er sich in der Nähe des gefährlichen Weihers befand, und ging, nachdem er das Tier ausgeweidet hatte, zu dem Wasser, um seine mit Blut befleckten Hände zu waschen. Kaum aber hatte er sie hineingetaucht, als die Nixe emporstieg, lachend mit ihren nassen Armen ihn umschlang und so schnell hinabzog, dass die Wellen über ihm zusammenschlugen.

Als es Abend war und der Jäger nicht nach Haus kam, so geriet seine Frau in Angst. Sie ging aus, ihn zu suchen, und da er ihr oft erzählt hatte, dass er sich vor den Nachstellungen der Nixe in Acht nehmen müsste und nicht in die Nähe des Weihers sich wagen dürfte, so ahnte sie schon, was geschehen war. Sie eilte zu dem Wasser, und als sie am Ufer seine Jägertasche liegen fand, da konnte sie nicht länger an dem Unglück zweifeln. Wehklagend und händeringend rief sie ihren Liebsten mit Namen, aber vergeblich. Sie eilte hinüber auf die andere Seite des Weihers und rief ihn aufs Neue, sie schalt die Nixe mit harten Worten, aber keine Antwort erfolgte. Der Spiegel des Wassers blieb ruhig, nur das halbe Gesicht des Mondes blickte unbeweglich zu ihr herauf.

Die arme Frau verließ den Teich nicht. Mit schnellen Schritten, ohne Rast und Ruhe, umkreiste sie ihn immer von neuem, manchmal still, manchmal einen heftigen Schrei ausstoßend, manchmal in leisem Wimmern. Endlich waren ihre Kräfte zu Ende, sie sank zur Erde nieder und verfiel in einen tiefen Schlaf. Bald überkam sie ein Traum. Sie stieg zwischen großen Felsblöcken angstvoll aufwärts; Dornen und Ranken hakten sich an ihre Füße, der Regen schlug ihr ins Gesicht, und der Wind zauste ihr langes Haar. Als sie die Anhöhe erreicht hatte, bot sich ein ganz anderer Anblick dar. Der Himmel war blau, die Luft mild, der Boden senkte sich sanft hinab, und auf einer grünen, bunt beblümten Wiese stand eine reinliche Hütte. Sie ging darauf zu und öffnete die Türe; da saß eine Alte mit weißen Haaren, die ihr freundlich winkte. In dem Augenblick erwachte die arme Frau. Der Tag war schon angebrochen, und sie entschloss sich, gleich dem Traum Folge zu leisten. Sie stieg mühsam den Berg hinauf, und es war alles so, wie sie es in der Nacht gesehen hatte. Die Alte empfing sie freundlich und zeigte ihr einen Stuhl, auf den sie sich setzen sollte. »Du musst ein Unglück erlebt haben«, sagte sie, »weil du meine einsame Hütte aufsuchst.« Die Frau erzählte ihr unter Tränen, was ihr begegnet war. »Tröste dich«, sagte die Alte, »ich will dir helfen: da hast du einen goldenen Kamm. Harre, bis der Vollmond aufgestiegen ist, dann geh zu dem Weiher, setze dich am Rand nieder und strähle dein langes schwarzes Haar mit diesem Kamm. Wenn du aber fertig bist, so lege ihn am Ufer nieder, und du wirst sehen, was geschieht.«

Die Frau kehrte zurück, aber die Zeit bis zum Vollmond verstrich ihr langsam. Endlich erschien die leuchtende Scheibe am Himmel; da ging sie hinaus an den Weiher, setzte sich nieder und kämmte ihre langen schwarzen Haare mit dem goldenen Kamm, und als sie fertig war, legte sie ihn an den Rand des Wassers nieder. Nicht lange, so brauste es aus der Tiefe, eine Welle erhob sich, rollte an das Ufer und führte den Kamm mit sich fort. Es dauerte nicht länger, als der Kamm nötig hatte, auf den Grund zu sinken, so teilte sich der Wasserspiegel, und der Kopf des Jägers stieg in die Höhe. Er sprach nicht, schaute aber seine Frau mit traurigen Blicken an. In demselben Augenblick kam eine zweite Welle herangerauscht und bedeckte das Haupt des Mannes. Alles war verschwunden, der Weiher lag so ruhig wie zuvor, und nur das Gesicht des Vollmondes glänzte darauf.

Trostlos kehrte die Frau zurück, doch der Traum zeigte ihr die Hütte der Alten. Abermals machte sie sich am nächsten Morgen auf den Weg und klagte, der weisen Frau ihr Leid. Die Alte gab ihr eine goldene Flöte und sprach: »Harre bis der Vollmond wieder kommt, dann nimm diese Flöte, setze dich ans Ufer, blas ein schönes Lied darauf, und wenn du damit fertig bist, so lege sie auf den Sand; du wirst sehen, was geschieht.«

Die Frau tat, wie die Alte gesagt hatte. Kaum lag die Flöte auf dem Sand, so brauste es aus der Tiefe, eine Welle erhob sich, zog heran und führte die Flöte mit sich fort. Bald darauf teilte sich das Wasser, und nicht bloß der Kopf, auch der Mann bis zur Hälfte des Leibes stieg hervor. Er breitete voll Verlangen seine Arme nach ihr aus, aber eine zweite Weile rauschte heran, bedeckte ihn und zog ihn wieder hinab.

»Ach, was hilft es mir«, sagte die Unglückliche, »dass ich meinen Liebsten nur erblicke, um ihn wieder zu verlieren.« Der Gram erfüllte aufs Neue ihr Herz, aber der Traum führte sie zum drittenmal in das Haus der Alten. Sie machte sich auf den Weg, und die weise Frau gab ihr ein goldenes Spinnrad, tröstete sie und sprach: »Es ist noch nicht alles vollbracht, harre, bis der Vollmond kommt, dann nimm das Spinnrad, setze dich ans Ufer und spinn die Spule voll und wenn du fertig bist, so stelle das Spinnrad nahe an das Wasser, und du wirst sehen, was geschieht.«

Die Frau befolgte alles genau. Sobald der Vollmond sich zeigte, trug sie das goldene Spinnrad an das Ufer und spann emsig, bis der Flachs zu Ende und die Spule mit dem Faden ganz angefüllt war. Kaum aber stand das Rad am Ufer, so brauste es noch heftiger als sonst in der Tiefe des Wassers, eine mächtige Welle eilte herbei und trug das Rad mit sich fort. Alsbald stieg mit einem Wasserstrahl der Kopf und der ganze Leib des Mannes in die Höhe. Schnell sprang er ans Ufer, fasste seine Frau an der Hand und entfloh. Aber kaum hatten sie sich eine kleine Strecke entfernt, so erhob sich mit entsetzlichem Brausen der ganze Weiher und strömte mit reißender Gewalt in das weite Feld hinein. Schon sahen die Fliehenden ihren Tod vor Augen; da rief die Frau in ihrer Angst die Hilfe der Alten an, und in dem Augenblick waren sie verwandelt, sie in eine Kröte, er in einen Frosch. Die Flut, die sie erreicht hatte, konnte sie nicht töten, aber sie riss sie beide voneinander und führte sie weit weg.

Als das Wasser sich verlaufen hatte und beide wieder den trockenen Boden berührten, so kam ihre menschliche Gestalt zurück. Aber keiner wusste, wo das andere geblieben war; sie befanden sich unter fremden Menschen, die ihre Heimat nicht kannten. Hohe Berge und tiefe Täler lagen zwischen ihnen. Um sich das Leben zu erhalten, mussten beide die Schafe hüten. Sie trieben lange Jahre, ihre Herden durch Feld und Wald und waren voll Trauer und Sehnsucht.

Als wieder einmal der Frühling aus der Erde hervorgebrochen war, zogen beide an einem Tag mit ihren Herden aus, und der Zufall wollte, dass sie einander entgegenzogen. Er erblickte an einem fernen Bergesabhang eine Herde und trieb seine Schafe nach der Gegend hin. Sie kamen in einem Tal zusammen, aber sie erkannten sich nicht, doch freuten sie sich, dass sie nicht mehr so einsam waren. Von nun an trieben sie jeden Tag ihre Herden nebeneinander; sie sprachen nicht viel, aber sie fühlten sich getröstet. Eines Abends, als der Vollmond am Himmel schien und die Schafe schon ruhten, holte der Schäfer die Flöte aus seiner Tasche und blies ein schönes, aber trauriges Lied. Als er fertig war, bemerkte er, dass die Schäferin bitterlich weinte. »Warum weinst du?« fragte er. »Ach«, antwortete sie, »so schien auch der Vollmond, als ich zum letzten Mal dieses Lied auf der Flöte blies und das Haupt meines Liebsten aus dem Wasser hervorkam.« Er sah sie an, und es war ihm, als fiele eine Decke von den Augen; er erkannte seine liebste Frau. Und als sie ihn anschaute und der Mond auf sein Gesicht schien, erkannte sie ihn auch. Sie umarmten und küssten sich, und ob sie glückselig waren, braucht keiner zu fragen.[1]

Einleitung

Zu dem Märchen »Die Nixe im Teich« entwickeln viele Menschen eine Liebe auf den zweiten Blick. Das ging auch mir so. Aber warum erst »auf den zweiten Blick«? »Die Nixe im Teich« ist kein »Klassikermärchen« aus der Kindheit. Wenn man es überhaupt gehört oder gelesen hat als Kind, dann hat man es doch eher wieder verdrängt. Märchen mit Nixen, die Kinder holen wollen, die schmecken einem als Kind nicht. Auch die Tatsache, dass der Vater einen Fehler macht und der Sohn dafür ein Leben lang in seiner Freiheit eingeschränkt ist, macht das Märchen für Kinder nicht attraktiv. Nun sind ja Märchen nicht unbedingt Geschichten für Kinder, es waren einmal Geschichten von Erwachsenen für Erwachsene, und das ist dieses Märchen in einer ganz ausgeprägten Weise.

Jahrelang hatte ich rasch über dieses Märchen hinweggelesen. Erst als ich Märchen suchte, die deutlich mit der Überwindung von Angst zu tun haben, erinnerte ich mich an dieses Märchen – und ich war dann in der Folge fasziniert davon. In einigen Seminaren habe ich mit dem Märchen gearbeitet und immer wieder festgestellt, dass es mit zunehmender Beschäftigung immer noch mehr Bilder entbirgt, zu immer mehr eigenen Fragestellungen anregt. Lässt man sich auf dieses Märchen ein, wird plötzlich deutlich, wie reich es ist, wie subtil sich ein Bild an ein anderes reiht, wie sehr es dadurch in uns die Bilderwelt, die Gefühle, aber auch das Nachdenken anregen kann. Das Phänomen, etwas Altbekanntem zu begegnen, entfällt also bei diesem Märchen. Das hat durchaus Vorteile: Fast ganz neu kann man diesem Märchen begegnen, kann man sich auf die Bilder, die auch Angst machen, einlassen – weniger geprägt von den Kinderängsten, mehr geprägt von unseren ganz aktuellen Angstsituationen im Zusammenhang mit dem Verdrängten, der Faszination und der daraus resultierenden möglichen Depression, dem Überwältigtwerden durch die Faszination und der möglichen Trennung oder des sich Getrennt-Fühlens von einem Partner oder einer Partnerin und des möglichen Sich-wieder-Findens. Stellt man sich den Ängsten, die dieses Märchen auslösen kann, dann enthüllt es seinen ganz besonderen Reichtum. Für mich ist »Die Nixe im Teich« ein besonderes reiches Märchen, nicht nur wegen der Fülle der existenziell bedeutsamen Lebenssituationen, die angesprochen sind, nicht nur wegen des Reichtums der Bilder, derer sich das Märchen bedient, sondern auch wegen des ausgewogenen Rhythmus zwischen Aktion und Kontemplation, zwischen Handeln und Reifenlassen.

Die Märchen ermutigen uns immer zum Leben, dieses Märchen und seine Thematik ermutigt uns dazu in ganz besonderem Maße.

Unglück kommt über Nacht

Es war einmal ein Müller, der führte mit seiner Frau ein vergnügtes Leben. Sie hatten Geld und Gut, und ihr Wohlstand nahm von Jahr zu Jahr noch zu. Aber Unglück kommt über Nacht: wie ihr Reichtum gewachsen war, so schwand er von Jahr zu Jahr wieder hin, und zuletzt konnte der Mütter kaum noch die Mühle, in der er saß, sein Eigentum nennen. Er war voll Kummer, und wenn er sich nach der Arbeit des Tags niederlegte, so fand er keine Ruhe, sondern wälzte sich voll Sorgen in seinem Bett. Eines Morgens stand er schon vor Tagesanbruch auf, ging hinaus ins Freie und dachte, es sollte ihm leichter ums Herz werden. Als er über dem Mühldamm dahinschritt, brach eben der erste Sonnenstrahl hervor, und er hörte in dem Weiher etwas rauschen. Er wendete sich um und erblickte ein schönes Weib, das sich langsam aus dem Wasser erhob. Ihre langen Haare, die sie über den Schultern mit ihren zarten Händen gefasst hatte, flossen an beiden Seiten herab und bedeckten ihren weißen Leib. Er sah wohl, dass es die Nixe des Teichs war, und wusste vor Furcht nicht, ob er davongehen oder stehen bleiben sollte. Aber die Nixe ließ ihre sanfte Stimme hören, nannte ihn beim Namen und fragte, warum er so traurig wäre. Der Müller war anfangs verstummt; als er sie aber so freundlich sprechen hörte, fasste er sich ein Herz und erzählte ihr, dass er sonst in Glück und Reichtum gelebt hätte, aber jetzt so arm wäre, dass er sich nicht zu raten wüsste. »Sei ruhig«, antwortete die Nixe, »ich will dich reicher und glücklicher machen, als du, je gewesen bist, nur musst du *mir versprechen, dass du mir geben willst, was eben in deinem Haus jung geworden ist.« – »Was kann das anders sein«, dachte der Mütter, »als ein junger Hund oder ein junges Kätzchen?« und sagte ihr zu, was sie verlangte. Die Nixe stieg wieder in das Wasser hinab, und er eilte getröstet und guten Mutes nach seiner Mühle. Noch hatte er sie nicht erreicht, da trat die Magd aus der Haustüre und rief ihm zu, er sollte sich freuen, seine Frau hätte ihm einen kleinen Knaben geboren. Der Müller stand wie vom Blitz gerührt; er sah wohl, dass die tückische Nixe das gewusst und ihn betrogen hatte. Mit gesenktem Haupt trat er zu dem Bett seiner Frau, und als sie ihn fragte: »Warum freust du dich nicht über den schönen Knaben?«, so erzählte er ihr, was ihm begegnet war und was für ein Versprechen er der Nixe gegeben hatte. »Was hilft mir Glück und Reichtum«, fügte er hinzu, »wenn ich mein Kind verlieren soll? Aber was kann ich tun?« Auch die Verwandten, die herbeigekommen waren, Glück zu wünschen, wussten keinen Rat.*

Ein Müller führt mit seiner Frau ein vergnügtes Leben, ihr Wohlstand an Geld und Gut nimmt immer noch zu. Es geht ihnen gut; sie sind vergnügt, sie sind in einer Phase des Lebens, in der immer alles noch mehr wird, und sie können offenbar ihren Überfluss genießen, halten ihn wohl auch für selbstverständlich. Sie würden wohl von sich sagen, dass das Leben es gut mit ihnen meint.

Aber der Reichtum schwindet, so wie er gekommen ist, ohne größeres Zutun, ohne merkbares größeres Verschulden; nun sind andere Qualitäten als die des Genießenkönnens gefragt – aber diese Qualitäten fehlen dem Müller zunächst. Er ist so arm, dass er nicht mehr ein und aus weiß. Es ist möglich, dass es sich um materielle Armut handelt, die schon schwierig genug zu ertragen ist, löst sie doch, besonders bei denen, die Armut nicht gewohnt sind, massive Existenzängste aus, Angst, nicht mehr genug zum Leben zu haben, vielleicht sogar Angst, zu verhungern. Ob auch soziale Ängste mit im Spiel sind, wird im Märchen nicht erwähnt: die Scham, dass man an den Gütern des Lebens nicht den einem zustehenden Anteil halten kann, und damit verbunden ein Gefühl der Minderwertigkeit. Es ist durchaus möglich, dass diese Armut auch eine Armut in der Beziehung zwischen Müller und Müllerin ist, dass auch sie nach einer Phase, in der sie Vergnügen aneinander hatten, jetzt erleben, dass beiden wenig Energie aus der Beziehung erwächst und sie sich, obwohl sie beieinander sind, arm vorkommen. Arm kann auch bedeuten, dass man wenig seelische Energie hat, und das Gefühl, das Leben sei leer, armselig, man sei ausgeschlossen von der großen Lebendigkeit.

Der Müller kann mit dieser Situation schlecht umgehen. Er ist voll Kummer, und statt zu schlafen, wälzt er sich voll Sorgen auf seinem Lager. Er sollte sich auch um etwas »sorgen«, er müsste die pflegerische Verantwortung für etwas Wesentliches in seinem Leben übernehmen. Aber er sorgt sich wohl eher darum, woher er wieder Geld bekommen wird, und weniger darum, warum er plötzlich so arm geworden ist. Er überlegt wohl, wie der alte Zustand wieder hergestellt werden kann, und nicht, was denn dieser Schicksalseinbruch für ihn und seine Frau bedeuten könnte, welche Veränderungen in ihrem Leben anstehen.

So, ganz erfüllt von seinen Sorgen, flieht ihn der Schlaf. Auch früh am Morgen treiben die Sorgen ihn um. Er steht schon früh auf, vor Tagesanbruch, geht aus dem Haus und hofft, im Freien sollte es ihm leichter ums Herz werden. Der Müller reagiert mit einer depressiven Verstimmung auf die Veränderung; sein ganzes Leben kreist nun um die Sorge. In seiner Verzweiflung hat er aber doch eine kleine Hoffnung: Im Freien könnte es ihm besser gehen.

Nun ist ein Haus nicht nur unsere Behausung, in der wir

geschützt und abgeschirmt leben können, es ist auch der Raum des Gewohnten, des Vertrauten. Geht der Müller aus dem Haus, dann ist er auch gewillt, etwas Neues zu erleben, das ihm möglicherweise seine Sorgen leichter macht. Eine leise Hoffnung bemächtigt sich seiner. Zu dieser leisen Hoffnung passt, dass er beim ersten Sonnenstrahl über den Mühldamm schreitet. Nach der Nacht des Dunkels geht die Sonne auf – nicht sofort, aber ein erster Sonnenstrahl kündigt Licht an, kündigt an, dass das Leben wieder lichter werden wird, dass es wieder »Tag« werden kann.

Was dem Müller hier im Märchen geschieht, kann vielen Menschen geschehen, wenn sie an einer depressiven Verstimmung leiden: Obwohl ganz bestimmt von ihren depressiven Gefühlen, voller Sorge um die Zukunft, voller Angst, das Leben nicht bewältigen zu können, voller dunkel getönter Phantasien, was das Schicksal noch alles bringen könnte, voller Schuldgefühle und Angst, keimt doch plötzlich – eines Morgens – eine leise Hoffnung auf, dass es vielleicht doch eine Lösung geben könnte. Auch diese Menschen müssen, symbolisch gesehen, außer Haus gehen, sie müssen sich auf den Weg machen, um etwas Neues zu erfahren. Es gehört zur depressiven Verstimmung, dass wir etwas, das dringend in unser Leben integriert werden müsste, was notwendigerweise zu unserem Selbstsein gehört, vielleicht sogar unser Selbstsein ausmacht, von unserem Leben ausgeschlossen haben. Wir haben es verdrängt, vergessen. Es kann der Sinn der Depression sein, uns zu zwingen, dieses Vergessene in unser Leben hereinzuholen. Letztlich wird unser Leben dadurch dann reicher und mehr unser je eigenes Leben, unser ganz persönliches Schicksal, das sich ja nur in unserem Selbst-Sein ausdrücken kann. Aber: Zunächst müssen wir uns eher auf Schwierigkeiten gefasst machen, denn wäre der psychische Inhalt, wäre der Aspekt des Lebens, den wir aus der Verdrängung heben müssen, sichtbar und fühlbar eine Bereicherung, wir hätten ihn kaum verdrängt.

Dem Müller zeigt sich das zuvor Verdrängte sofort, kommt sofort ans Licht, nachdem er sich entschlossen hat, das Haus zu verlassen: Im Weiher rauscht es, und fast gleichzeitig mit dem ersten Sonnenstrahl erhebt sich ein schönes Weib aus dem Wasser. Beschrieben werden ihre langen Haare, ihre zarten Hände, ihr weißer Leib. Der Müller erkennt die schöne Frau als die Nixe des Teiches – er ängstigt sich und weiß nicht, ob er davonlaufen oder stehen bleiben soll. Das Bild der Nixe taucht auf in seiner Seele – und es löst große Angst aus. Wohl auch Faszination, die sich darin ausdrückt, wie die Frau in ihrer Schönheit beschrieben wird. Die Angst scheint aber zu dominieren.

Angst und Faszination ergreifen uns dann, wenn etwas Wesentliches in unserer Psyche belebt wird, etwas uns zum Bewusstsein kommt, das uns fremd ist und von dem wir auch überzeugt sind, dass es eine Bedeutung hat, die über unser persönliches Leben hinausgeht.

Von Nixen weiß man im Märchen, dass es sie gibt, dass sie aber nicht jedermann oder jeder Frau begegnen. Wenn sie auftauchen, dann bedeuten sie auch ein Stück Schicksal, unausweichliches Schicksal. Die Nixe gehört im Märchen nicht dem Bereich der Menschen an, sie ist ein Wesen des Zwischenreiches, halb Frau, halb Göttin. Was sich da zeigt, ist wunderschön, vermag durch Schönheit zu faszinieren und verspricht letztlich, auch etwas Schönes ins Leben hereinzubringen. Letztlich. Da ist nämlich auch die Angst: Was will sie denn von einem? Nixenkundig, wie die Menschen im Märchen sind, weiß der Müller, dass die Nixe auch gefährlich sein kann und sicher auch etwas von ihm will. Davonlaufen aber würde heißen, vor dem Problem – das sich in der Nixe erstmals deutlicher abbildet – wiederum davonzulaufen. Stehenbleiben heißt, sich dem Problem zu stellen. Die Nixe macht es ihm zunächst leicht. Sie nähert sich ihm in einer sehr empathischen Weise: Sie nennt ihn bei seinem Namen und fragt, warum er so traurig sei. Indem sie ihn bei seinem Namen nennt, gibt sie zu erkennen, dass sie ihn kennt, dass sie ihn wahrgenommen hat – und dass sie ihn auch jetzt wahrnimmt in seiner Trauer.

Beim Namen genannt zu werden, gerade in einer Situation, in der man sich traurig fühlt, wohl auch gekränkt im Selbstwertgefühl, als Versager vielleicht, gibt ein Gefühl der Bedeutsamkeit. In einer Situation, in der man sich gerade nicht bei sich selbst fühlt, ist die Anrufung des Namens auch so etwas wie ein erster Sonnenstrahl: Sie erinnert daran, wer man ist, oder auch, dass man trotz Unglück immer noch derselbe oder dieselbe ist, der oder die man einmal war. Dann verlockt die Nixe den Müller dazu, über seinen Kummer zu sprechen – nachdem er zunächst verstummt war.

Leiden wir an einer depressiven Verstimmung, ist es eine ganz wesentliche Hilfe, wenn es gelingt, über den Kummer zu sprechen, und zwar möglichst ungefiltert, so dass einem beim Sprechen ein Licht aufgehen kann und man versteht, was denn zu dieser Verstimmung geführt haben könnte. Natürlich wird ein Mensch mit einer sanften Stimme uns eher dazu bringen, von unseren Kümmernissen zu sprechen, erinnert uns die sanfte Stimme doch an alle die Menschen, die sanft und in großer Zärtlichkeit schon je mit uns gesprochen haben. Es wird dabei eine meist frühkindliche Geborgenheit reaktiviert.

Der Müller erzählt der Nixe seinen Kummer – und sie verspricht Abhilfe. Er soll ihr geben, was in seinem Haus jung geworden ist, und sie will ihn reicher machen, als er je war. Eine rasche Lösung, die den Müller kaum etwas zu kosten scheint, denn was könnte das Junge schon sein außer einer Katze oder einem Hund? Ein guter Handel – so scheint es für den Müller. Er reagiert wie jene Menschen, die in einer problematischen Lebenssituation eine Idee davon haben, wie diese zu lösen wäre, und schon sind sie wieder zufrieden, schon fühlen sie sich wieder dem Strom des Lebens angeschlossen, voller Lebensmut. Zumindest vorerst.

Die Furcht vor der Nixe hätte den Müller warnen müssen. Aber er ist so froh, dass ihm eine Lösung für sein Problem angeboten wird, dass er nicht weiter darüber nachdenkt. Auch scheint er wenig Sinn für den Wert dessen zu haben, was »jung« ist, was neu geworden ist in seinem Leben. Der Tod des Alten macht ihn depressiv, das, was neu geboren wird, gibt er leichten Herzens weg. Die Nixe steigt wieder ins Wasser, und er eilt getröstet und guten Mutes nach Hause.

Die Magd tritt aus der Haustür mit einer Freudenbotschaft: Seine Frau habe ihm einen kleinen Knaben geboren. Da fühlt er sich betrogen von der Nixe. Er muss sich schuldig fühlen in dieser Situation – und was tut er? Er beschimpft die Nixe, macht sie zur Alleinschuldigen. Spätestens jetzt wird deutlich, dass die Beziehung zwischen dem Müller und seiner Frau nicht von Achtsamkeit geprägt ist, wenn er nicht einmal weiß, dass sie kurz vor der Niederkunft ist! Eine liebevolle, mitfühlende, miteinander teilende Beziehung ist es auf jeden Fall nicht. Wie blind muss der Müller für seine hochschwangere Frau gewesen sein! Will er etwa nichts von Geburt, von Tod, vom Wandel des Lebens wissen? Kann er seine Frau als Mutter nicht ertragen?

Die Nixe will nicht etwa einen jungen Hund oder eine junge Katze, sie will den Sohn. Sie will an einer ganz zentralen Stelle in der Zukunft mitleben. Das Leben des Sohnes wird von diesem Versprechen des Vaters geprägt sein. Oder anders ausgedrückt: Das Problem des Vaters wird vom Sohn letztlich gelöst werden müssen. Immerhin wird in dieser Familie von dem Problem gesprochen. Auf die Frage der Frau, warum er sich nicht über den schönen Knaben freue, erzählt er ihr, was geschehen ist. Das ist immerhin etwas, gibt es doch einige vergleichbare Märchen, in denen der Vater auch einem Mann oder einer Frau verspricht, was jung wird zu Hause, um sich rasch aus einer unangenehmen Situation zu befreien. Solche Männer opfern unbesehen ihre Zukunft und die Zukunft ihrer Kinder für eine vorschnelle

Lösung, aber meistens verheimlichen sie dann auch noch der Partnerin und dem Kind, was sie getan haben.[2]

Der Müller erzählt, was ihm geschehen ist. Wahrscheinlich wäre er gar nicht fähig, das Geheimnis für sich zu behalten, zu sehr ist er auf die Hilfe von anderen Menschen angewiesen. Immerhin sagt er deutlich, dass ihm Glück und Reichtum nicht helfen, wenn er dafür sein Kind verliert. Er bekennt sich zu seinem Kind, sagt aber – und da hört man noch den depressiven Unterton –: »Aber was kann ich tun?« Er wäre durchaus bereit, Rat anzunehmen, aber niemand weiß Rat. Die Idee, dass er noch einmal zur Nixe gehen und mit ihr verhandeln könnte, diese Idee kommt ihm nicht. Probieren aber hätte er es doch wenigstens können. Aber dann wäre der Müller eben nicht der Müller. Er scheint die Zukunft zu opfern.

Die Zukunft opfern – eine depressive Haltung

Kein Mensch opfert natürlich bewusst die Zukunft. Im Gegenteil: Wir tun alles, um die Zukunft zu sichern, uns sogar eine gute Zukunft zu sichern. Wir sorgen vor, für alles Mögliche. Die Offenheit der Zukunft ängstigt uns. Die grundsätzliche Offenheit der Zukunft könnte uns aber auch mit Hoffnung erfüllen, mit Erwartung.[3] Wir wissen nie ganz genau, was uns die Zukunft bringen wird. Und auch dann, wenn wir wissen, dass sich vieles in der Zukunft einfach aus der Gegenwart und aus der Vergangenheit heraus verlängert und die Folge von unserem schon gelebten Leben ist, immer wieder gibt es auch Überraschungen, »Zufälle«, mit denen wir nicht gerechnet hätten, Wendungen, die uns erstaunen und überraschen. Im Guten und im Bösen. Offenheit der Zukunft heißt, dass nichts für immer festgelegt sein muss, auch wenn es vieles durchaus ist – es gibt da Möglichkeiten, mit denen wir nicht rechnen. Diese Tatsache nährt die Hoffnung auf »das bessere Leben«, lässt Phantasien entstehen für die Zukunft, Utopien. Die Offenheit der Zukunft ist es letztlich, die uns der Gewohnheit entreißt, uns daran hindert, uns im Gewohnten einzurichten. Sie ist es, die uns neugierig auf das sein lässt, was denn überhaupt noch alles geschehen kann in unserem Leben, was uns alles noch wichtig werden kann. Die prinzipielle Offenheit der Zukunft lässt uns aber auch ängstlich Vorsorge treffen, in der Illusion, die Zukunft kontrollieren zu können. Wir sichern uns ab, wir versichern uns, wir betonen die Sachzwänge, in denen wir stehen und von denen wir denken, dass sie gar keine Veränderung zulassen. Wir engen uns ein, verbauen unser

Leben, so dass der Anruf der Zukunft – falls er an uns ergehen sollte, und sei es zunächst auch nur in Form einer profunden Unzufriedenheit – gar nicht gehört werden kann. Insofern wird die mögliche Zukunft geopfert, in dem man sich in den Erklärungen, die die Vergangenheit liefert, und in den aktuellen Bewältigungsstrategien hoffnungslos verstrickt, in der Erwartung, dabei im Leben nichts falsch zu machen. Es ist ein ängstliches Festhalten an dem, was man schon immer gehabt hat. Dieses ängstliche Festhalten pflegen wir besonders dann, wenn die Gegenwart uns bereits als schwierig erscheint. In einer Lebenssituation, in der wir auch nur ein wenig an uns zweifeln, daran zweifeln, ob wir das Leben auch leben können, das wir uns in etwa vorgenommen haben, in einer solchen Lebenssituation erscheint uns die Offenheit der Zukunft vor allem durch Angst gefärbt, wir werden ängstlich, sind melancholisch gestimmt, sehen alles, was eher den Niedergang betrifft, und weniger das Erhebende. Und in der Folge sehen wir uns vor, wir sehen uns so sehr vor, dass nichts Neues in unser Leben kommen kann.

Aber die Zukunft kommt immer, ob wir sie abwehren oder nicht. Wehren wir sie ab, kommt sie als Störung, als störende Veränderung, als uns ärgernde Einbrüche, die uns in unseren Gewohnheiten und in unserem Selbstverständnis in Frage stellen. Sind wir ihr gegenüber ambivalent eingestellt, erscheint sie als Versuchung. Weniger Ambivalenten erscheint sie als Verlockung, der gegenüber man doch immer ein leises Misstrauen behält. Das ist der Kompromiss zwischen der Hoffnung auf das bessere Leben und der Angst vor dem schlechteren Leben, vor der Enttäuschung – letztlich auch vor dem Tod, der irgendwo in der Zukunft auf uns zukommen wird. Wenn wir weniger Angst haben, fasziniert uns die Zukunft, wir malen sie uns in hellen Farben aus, verbunden mit Phantasien über das eigentlich Undenkbare.[4] Natürlich sind solche Phantasien geprägt von unserem Erleben in der Vergangenheit und in der Gegenwart. Je weniger ängstlich wir aber sind, um so mehr wagen wir es, uns auch ungewöhnliche Phantasiekombinationen zuzugestehen, wir lassen unseren Wünschen und unseren Sehnsüchten, die auch Ausdruck des »anstehenden Unbewussten« sind, Raum, lassen neue Lebensthemen und Erlebnisse in der Phantasie Wirklichkeit werden. Die Zukunft zu opfern heißt auch, die Phantasie vom besseren Leben zu opfern. Wir versagen es uns, unsere verschwiegenen Wünsche und Sehnsüchte kennen zu lernen, geben ihnen keine Chance, sich zu verwirklichen.

Opfern wir die Zukunft, dann versuchen wir, uns auf einem gegenwärtigen Stand festzuschreiben. Das gelingt natürlich nicht, das ist gegen den Fluss des Lebens, und so werden wir immer mehr Bedrohte, die zu retten versuchen, was sie zu haben vermeinen. Auch diese Form der Sorge wird von uns natürlich als zukunftsbezogen betrachtet, als eine Form der Vorsorge. Sie soll uns ja gerade die Zukunft ermöglichen. Natürlich wird es nicht ohne Vorsorge gehen, aber eine gute Vorsorge lässt Raum für unerwartete Veränderungen, ja, erwartet diese geradezu – in Form von Überraschungen – und weiß auch, dass sie niemals nur im Gewinnen bestehen können, sondern durchaus auch im Verlieren.

Das Opfern der Zukunft, das in einer zwanghaften Sicherung des Gegenwärtigen am deutlichsten wird, sei das nun im Bereich der persönlichen Verhaltensweisen, sei es im Bereich des Materiellen, ist im Grunde genommen das Opfern des Selbstseins, das Opfern unserer wahren Persönlichkeit. Und das ist eine Voraussetzung, unter der wir depressiv werden können. Nur wenn es uns gelingt, das »Stirb und Werde« zu leben, das uns erst ermöglicht, die Offenheit der Zukunft zu sehen – denn sie fordert Veränderung, fordert Wandlung und neue Anpassung –, dann ist es uns möglich, immer mehr unser je eigenes Leben zu leben. Das können wir aber nur, wenn wir ein gewisses Grundvertrauen ins Leben haben – oder Vertrauen riskieren –, sonst werden wir versuchen, die Zukunft zu kontrollieren, indem wir die Gegenwart festhalten oder im Sinne des Müllers sagen, das, was neu wird in meinem Leben, das kann nichts sein, was eine größere Wichtigkeit hat. So sagen manchmal Menschen, es könne nichts wesentlich Neues mehr in ihrem Leben passieren. Damit sprechen sie allem potenziell Neuen bereits die Bedeutsamkeit ab – natürlich geschieht dann nichts Bedeutendes mehr. Sie opfern die Zukunft – um welchen Preis? Sie meinen, sich damit das Gewohnte zu erhalten, das Ruhige, das Unveränderbare – was sie sich einhandeln, ist eine ängstliche Unlebendigkeit.

Sichern wir uns so sehr gegen die Zukunft ab, so ist das eigentlich bereits ein Opfer unser selbst, weil wir uns nicht zutrauen, kompetent mit der Zukunft umgehen zu können, sinnbringend dem zu begegnen, was auf uns zukommt.

Das Problem des Müllers

Was aber ist das Problem des Müllers? Der Müller – in einem Parallelmärchen ist es ein Fischer[5] – ist es gewohnt, in Reichtum zu leben, zu bekommen, was er haben will. Er lebt in der Fülle. Der Mühlenbach treibt sein Mühlrad, das ihm erlaubt, das Getreide zu mahlen. Er ist in direktem Kontakt mit dem Wasser, mit der Lebensenergie, die wir so oft dem Unbewussten zuschreiben, und er arbeitet mit dem Getreide, dem Nahrungsmittel, das zum Ackerbau gehört, im Bereich der Korngöttinnen. Nimmt man seine Lebenssituation ganz real, dann kann er nur verarmen, wenn es kein Getreide mehr gibt oder wenn ihm das Wasser abgegraben wird. Entweder zürnt die Getreidegöttin, oder er muss sich neu um den Fluss des Lebens kümmern. Das Leben war für ihn bisher wie eine große, ihm alles spendende Mutter. Etwas verwöhnt, hat er offenbar nicht gelernt, dass es nicht nur Zeiten des Reichtums, sondern auch Zeiten der Armut gibt. Ihm fehlt eine gewisse Autonomie und kreative Phantasie in der veränderten Lebenssituation. Ganz in der Art derer, die es gewohnt sind, dass das Leben ihnen viel gibt, kommt er mit der Zeit der Armut nicht zurecht. Sie wird als große Kränkung erlebt, er wird depressiv. Zu lange dominierte in seinem Leben ein ursprünglich positiver Mutterkomplex, der unter anderem auch bewirkt, dass er zu wenig anpackend ist, dass er sein Leben zu wenig autonom gestalten kann.[6] Das zeigt sich auch darin, dass er in dem kleinen Stück des Märchens, in dem er vorkommt, auffallend oft jemanden sucht, der ihm helfen könnte. Die ihm zuteil gewordene Hilfe durch die Nixe ist zumindest zwiespältig, Hilfe gegen die Nixe gibt es nicht. Die Armut, unter der der Müller leidet, kann man sich als ein Fehlen von Energie vorstellen, als eine Lebenssituation, in der sich alles leer anfühlt, nichts einen zu beflügeln vermag, in der sich die Angst einnistet, das Leben nicht mehr bewältigen zu können. Das Märchen sagt uns aber auch, warum der Müller sich so arm fühlt: Die Nixe im Teich ist vom Leben ausgeschlossen, das Gefühl, das die Nixe im Teich verkörpert, fehlt ihm.

Die Nixe

Die Nixen gehören in den Bereich der Seejungfrauen und der Nymphen, im größeren Umkreis sind auch die Melusinen anzusiedeln. Sie gelten als Naturwesen, die doch auch menschlich sind und eine eigentümliche Anziehungskraft auf die Menschen ausüben. Sie sind – wie die Wassergeister überhaupt – Übergangswesen.[7] Sie gehören zwei Bereichen an, die Nixen dem Wasser und der Erde. Das wird bildhaft dadurch ausgedrückt, dass sie gelegentlich als mit einem menschlichen Oberkörper ausgestattet beschrieben werden, der Unterleib ist dann jedoch ein Fischleib oder der Leib einer Schlange. Sie gehören zwei Bereichen an, aber wenn sie aus dem Wasser auftauchen, ist anzunehmen, dass sie versuchen, in der Welt der normalen Sterblichen Platz zu nehmen.

Es kann aber durchaus sein, dass mit dieser doppelten Zugehörigkeit auch etwas ausgesagt ist über die weibliche Natur: ihre Fähigkeit, sich sowohl im Bereich des bewussten Alltags als auch im Bereich des Unbewussten auszukennen und lebensfähig zu sein. Oder es ist einfach die große Nähe der Frau zur Natur gemeint, zur Tierseele und zur Pflanzenseele, denn auch die Wasserlilien sind mit den Nixen verbunden, können auch stellvertretend für sie stehen.[8] Und wäre die Nixe so sehr verdrängt, dass sie sich den Zugang zum alltäglichen Leben erschleichen muss, dann wäre diese Übergangsnatur der Frau ausgegrenzt und müsste im Sinne der Rückkehr des Verdrängten ins Leben integriert werden.

Nixen gelten als Naturgottheiten, die viele erotische und sexuelle Abenteuer haben. Die Nymphen, die griechische

Form der Nixen, waren die Begleiterinnen der Artemis[9], der amazonischen Mondgöttin. Das Abbild der vielbrüstigen Artemis von Ephesus weist darauf hin, dass sie alle lebendigen Wesen nährte. Wenn sie jungfräulich genannt wird, dann in dem Sinne, dass sie durch keinen Mann bestimmt ist, sich auch durch keinen Mann definiert. Sie ist die große Jägerin, die auch tötet, was sie hervorbringt. Sie gilt als »Göttin der Jagd, des Bogenschießens, zugleich ist sie die Beschützerin der wilden Tiere, der Kinder und alles Schwachen.«[10]

Gimbutas[11] sieht in ihr auch die Göttin der Kindsgeburt in dem Sinne, dass sie den Uterus öffnet und nach der Geburt der Frau wieder zu Gesundheit verhilft. Gimbutas sieht in der griechischen Artemis, in der römischen Diana, in der irischen und schottischen Birgit – und da könnte man wohl auch die Freya und Frau Holle anfügen – Abkömmlinge der prähistorischen lebensspendenden Göttin, der Geburtsgöttin. Sie war eine Göttin der Berge, der Steine, des Wassers, der Wälder und der Tiere, eine Inkarnation der geheimnisvollen Naturkräfte. Als Eigentümerin von Quellen, Brunnen und heilendem Wasser war sie eine Göttin der Heilung.[12] Heilung kann aus dieser Sicht entstehen, indem etwas Neues ins Leben tritt, etwas Neues geboren wird. Die Geburtsgöttin erschien in prähistorischer Zeit auch als Vogelgöttin oder als Reh.[13]

Man könnte die Nixen also als Priesterinnen der Geburtsgöttin verstehen. Teiche werden im Volksglauben auch mit den ungeborenen Kindern in Verbindung gebracht[14], allerdings holt sich der Nix die Kinder gelegentlich wieder zurück.[15] In den gleichen Umkreis gehören die Brunnen und die Idee, dass sie eine Verbindung vom Jenseitigen zum Diesseitigen herstellen und so auch eine bildhafte Folie für die größten existentiellen Erfahrungen, Geburt und Tod, abgeben. Dazu passt, dass im Volksglauben auch die Überlieferung besteht, dass drei Jungfrauen sich am Brunnen aufhalten.[16] Diese drei Jungfrauen können leicht mit den drei Nornen oder den drei Moiren, den Schicksalsgöttinnen, in Verbindung gebracht werden, wobei eine den Lebensfaden spinnt, eine andere das Schicksal zuteilt und die dritte den Lebensfaden abschneidet. Sie zusammen überblicken das Schicksal als Ganzes. Gimbutas sieht sie als Personifikationen der alten, lebensspendenden Göttin.[17]

In diesen Bereich gehört also letztlich die Nixe – sie ist aber wohl etwas profanisiert worden, in ihrer Bedeutung entwertet, wie die meisten großen weiblichen Gestalten. Von daher scheint es mir sinnvoll und notwendig die Nixe aus der Entwertung zu holen. In der Faszination und in der Angst vor ihr lässt sich nämlich durchaus erahnen, dass es sich bei der Nixe nicht einfach um eine gewöhnliche Frau handelt.

Wie die Nixen auch jeweils geschildert werden, sie sind immer bezaubernd schön und verstehen es, diejenigen, die sich mit ihnen in Verbindung setzen, zu faszinieren, mit einem Bann zu belegen. Sie gelten denn aus männlicher Sicht auch als die großen Verführerinnen, die die Männer allenfalls auch auf den Grund des Weihers, auf den Grund des Sees ziehen. Insofern stehen sie als Symbol für eine Faszination, die einen Menschen ganz aus dem Gewohnten herauszieht, ihn womöglich sehr verwandelt.

Den Nixen wird nachgesagt, sie hätten keine Seele, und deshalb würden sie versuchen, die Liebe eines Menschen zu erlangen, um damit auch eine Seele zu erlangen. Oder sie müssten die Umarmung eines jungen Menschen genießen, damit sie sich Jugend und Schönheit erhalten können. Die Verbindung zu den Menschen ist aber nie eine bleibende[18], immer wieder benehmen sich die Menschen so, dass die Nixe nicht bei ihnen bleiben will oder kann.

So erwähnt etwa ein Ehemann, der sie zu erringen verstand, ihren Fischschwanz, den sie an bestimmten Tagen im Geheimen hatte, obwohl ihm das von der Nixe absolut verboten war, sozusagen als Bedingung für die Verbindung gestellt wurde. Oder gegen jede Abmachung erhebt der Mann, der sie geheiratet hat, die Hand gegen sie – und dann verschwindet sie wieder ins Wasser, wo sie hergekommen ist. Was wie die Folge eines fehlerhaften Verhaltens aussieht, gehört wohl eher zum Wesen der Nixe: Man kann mit ihr eine gewisse Zeit leben, man kann sogar Kinder mit ihr haben, aber sie bleibt nicht für immer, sie ist eine Vorübergehende. Und das ist zu akzeptieren, denn das macht wohl einen Teil ihres Wesens aus.

Die Meinung, nach der die Nixe sich eine Seele erschleicht, sieht in ihr eine Schmarotzerin, die den lebenden Menschen etwas abtrotzt. Ob das allerdings so stimmig ist? Ob das nicht eher auch umgekehrt zu betrachten ist? Es wäre doch auch denkbar, dass der Umgang mit der Nixe die Seele eines Menschen zu ganz anderen Dimensionen hin öffnet, ihm also mehr Seele eröffnet. Und dies eben nicht für immer, sondern vorübergehend. Denn eigentlich sind die Nixen auch lange Zeit für sich allein zufrieden, selbstgenügsam singen sie vor sich hin, im Einklang mit dem bewegten Wasser. Vielleicht vermag gerade diese Selbstgenügsamkeit zu verführen? Dieses einem anderen Rhythmus, dem Rhythmus des Wassers angeglichen sein? Schließlich sitzen sie an Quellen und an Teichen, sie sitzen da, wo der Überfluss der Erde sich auf das Land ergießt. Von daher lässt sich auch die Verbindung zu Geburt und Tod erklären. Sie sitzen da, wo etwas quillt, wo Neues ins Leben herein will, und verbunden mit ihrer großen Schönheit und Fremdheit lösen sie heftige erotische und sexuelle Gefühle aus.

Sie sind grundsätzlich dem Element Wasser nah verbunden, diesem Element, das wir Menschen mit Zuständen unserer Seele und der Qualität unserer Emotionen in Verbindung bringen und das uns so leicht zum Träumen anregt. Viele emotionale Zustände, Gefühle und Stimmungen beschreiben wir mit Wassermetaphern: So sind wir etwa aufgewühlt, die Wellen schlagen hoch in unserem Leben, kräuseln sich heiter, oder eine undurchsichtige Situation wird plötzlich klar wie Wasser. Gelegentlich haben wir auch einfach Lust, einmal abzutauchen, unterzutauchen.

Fragt man heutige Menschen danach, welche Gefühle die Nixe in ihnen auslöst, dann erfährt man zunächst, dass es sich bei der Nixe um ein Fabelwesen handelt. Der Gedanke an sie löst Angst aus, und diese Angst wird abgewehrt, indem man sie zunächst in das Reich des Nichtexistenten verbannt. Ein Fabelwesen. Insistiert man aber und fragt danach, wie denn eine Nixe aussehen, wie sie in einem Traum, einer Phantasie auftauchen könnte, fragt man also nach dem Bild der ganz persönlichen Nixe und den Phantasien, die sich mit ihr verbinden, dann sind das Phantasien des Geheimnisvollen, das sich des eigenen Lebens bemächtigen könnte, der erotischen oder auch der spirituellen Faszination, die »das ganz Andere« im Menschenleben meinen könnte, Sehnsucht nach entgrenzenden erotischen und sexuellen Abenteuern kommt auf, Angst davor natürlich auch – und dann wird auch die Gefährlichkeit der Nixen betont.

Die Gefahr wird ganz im Sinne der Sagen gesehen: Sie könnten einen unter Wasser ziehen – also erreichen, dass man den festen Boden unter den Füßen verliert und unverhofft etwas sehr Unüberlegtes tut, was man hinterher bereut. Wagen die Menschen es – Männer und Frauen –, diese Phantasien von der Nixe zuzulassen, dann werden sie auf eine seltsam sehnsüchtige Weise belebt.

Es ist eine Sehnsucht nach Entgrenzung, nach Lebendigkeit, auch nach Unwirklichkeit, die weit weg vom alltäglichen Realitätsbewusstsein führt und von dem die meisten Menschen den Eindruck haben, es müsse eine unerfüllbare Faszination bleiben, vor allem auch deshalb, weil sie an der Sexualität festgemacht wird, der uns wohl vertrautesten Form der Entgrenzung. Meistens beginnen die Menschen dann über ihre aktuelle Liebesbeziehung zu sprechen. Unerfüllbar muss die Faszination bleiben, weil sie entweder in der gelebten Liebesbeziehung nicht zu leben ist oder weil sie eine solche Abhängigkeit von diesem erotisch-sexuellen Erleben oder von der geliebten Person bewirken könnte, dass man sich dabei verlöre oder zumindest sehr verwundbar würde. Projiziert werden diese Gefühle der Faszination durch den verbotenen Eros und die damit verbundenen Phantasien auf Frauen, die besonders verführerisch sind, die fremd wirken und etwas »seltsam Unbestimmtes« in ihrem Wesen haben, (»zärtlich und beweglich wie Wasserpflanzen, die umschlingen dich, ohne dass du es merkst«), die einen also mit dieser Unbestimmtheit in Gebiete der Seele locken, wo wir selber unbestimmt sind, wo unsere Identität ungefestigt ist, wo Neues erfahren werden kann. Gerade das ängstigt uns aber auch und lässt uns fürchten, uns in etwas zu verstricken, das uns nicht mehr loslässt – etwas, das viele Menschen mit Wasserpflanzen in Verbindung bringen, von denen ja immer wieder die Sage geht, dass sich die Schwimmer in ihnen verfangen, sich nicht mehr befreien können und in der Folge dann ertrinken. Diese Angst hat wenig mit den Wasserpflanzen als solchen zu tun, in dieser Angst wird die Angst vor der Nixe auf die Wasserpflanzen projiziert. Die Seerose etwa, die Nymphaea alba, wird mit den Nixen in Verbindung gebracht, sie gilt als Nixenblume.

Die Nixe ist für uns heutige Menschen eine Animagestalt, eine Personifikation des geheimnisvollen, fremden Weiblichen in der Seele des Menschen, hinter dem etwas sehr Numinoses, Göttliches steht, das uns mit Phantasien verbindet, die uns aus dem Gewohnten herausholen und mehr und mehr der eigenen Mitte, dem eigentlichen Sosein verbinden. Mit der Nixe sind vor allem Phantasien des Grenzüberschreitenden verbunden im Zusammenhang mit der Sehnsucht nach Erotik und einer entgrenzenden Sexualität. Die Nixe kann als eine Animagestalt gesehen werden, die aus einem Verhaftetsein an den originär positiven Mutterkomplex[19], mit dem Merkmal, dass nichts losgelassen werden darf, was man einmal hat, befreien und zu mehr eigenem Selbstsein hinführen könnte. Die Einstellung zum nixenhaften Weiblichen und im Zusammenhang damit die Einstellung zum großen Mütterlichen, das hinter der Nixe steht, muss sich ändern, das naturhafte Weibliche muss mehr ins Leben einbezogen werden, die Rhythmen der Natur, Leben – Tod – Leben, müssen respektiert und als normaler Aspekt des Lebens verstanden werden.

Was also ist das Problem des Müllers? Zwar ist die Beziehung zu seiner Frau dergestalt, dass sie miteinander ein Kind haben und dass die Frau des Müllers auch annehmen darf, dass er sich über die Geburt des Kindes freuen wird. Was aber fehlt, ist das Sich-überlassen an Gefühle, die über das Gewohnte hinausgehen, die faszinieren und ängstigen. Damit im Zusammenhang steht das Erleben von Liebe und Tod, von Geburt und Tod, von Sich-Binden und Sich-Loslassen, nicht als Strafe, weil etwas falsch war, sondern weil das ein Lebensrhythmus ist. Zu lange hat der Müller die Nixe im Teich nicht mehr angesehen und sich damit dem Gewohnten überlassen. Sich dem Gewohnten zu überlassen mag beruhigen, aber letztlich führt es zu Armut – wie hier im Märchen, denn es ist eine Haltung wider die Hoffnung, die auf die Zukunft verweist, auf das, was immer wieder »jung« wird in unserem Leben.[20]

Dass die Nixe sich das ausbedingt, was zu Hause jung geworden ist, heißt aber auch, dass sich keine Verjüngung im Leben des Müllers, damit aber auch keine wirkliche Vitalisierung, keine Hoffnung auf Zukunft ereignen kann, bis dieses Problem gelöst ist. Oder anders ausgedrückt: Ist einmal die Sehnsucht nach dem Bereich der Nixe in einem Menschen geweckt, dann muss dieses psychische Thema bearbeitet werden, muss mitleben dürfen. Wird es weiterhin verdrängt, aus Angst etwa, die dadurch ausgelösten Gefühle könnten gar zu überwältigend sein, dann werden alle neuen

Lebensimpulse, alles was jung werden will, von diesem verdrängten Bereich an sich gezogen.[21]

Wir wissen, die Nixe taucht auf – und sie taucht auch wieder unter, in ihrem Rhythmus. In diesem Zusammenhang ist sie – über alles Gesagte hinaus – auch ein Symbol für ewige Wandlung. Erinnern wir uns daran, dass der Müller erwartete, dass sein Reichtum immer vorhanden sein werde, dass er keine Form des Umgangs mit den zyklischen Veränderungen im Leben entwickelte, weil er diese nicht akzeptieren will. Er kann den Zustand der Armut nicht akzeptieren. Letztlich wird also in diesem Märchen das Problem zu lösen sein, wie der Bereich der Faszination und der heftigen, sehnsüchtigen, erotischen und sexuellen Gefühle, die kommen und gehen, ins Leben integriert werden können, ohne dass die Identität gestört wird. Dass Leben und Tod, Halten und Lassen ihren Platz haben und dadurch in guten Zeiten zwar ein hinreichend gutes Lebensgefühl möglich ist, man in schlechteren Zeiten aber nicht in depressive Gefühle, in Gefühle der Sorge, der Unlebendigkeit, des Nichts-bewirken-Könnens verfallen muss. Der Müller wird sich von einem ursprünglich positiven Mutterkomplex ablösen müssen, der, weil sich zu wenig aus ihm herausentwickelt hat, lebenshemmend geworden ist.[22]

Die handelnden Menschen eines Märchens sind aber nicht einfach Individuen, obwohl ihr typisches Problem natürlich leicht auf ein individuelles Schicksal übertragen werden kann. Wer hat nicht ab und zu Sehnsucht nach einer entgrenzenden, leidenschaftlichen Begegnung, ohne großes Überlegen, was denn werden könnte, wenn ... Meistens sind wir vernünftig und schelten die, die sich so unvernünftig in Liebesabenteuer stürzen und andere und sich dabei unglücklich machen. In unserer Schelte ist in der Regel auch recht viel uneingestandener Neid drin. Eine Frau sagte in einem Seminar, in dem wir mit diesem Märchen gearbeitet haben, man müsse die

Nixe sozusagen kontrolliert leben können, gerade soviel, dass nichts Schlimmes geschieht. Eine kontrollierte Nixe wäre aber wohl eine gefangene Nixe. Ob damit die Nixe einverstanden wäre?

Wer von uns könnte auch behaupten, dass er oder sie nach einer Reihe von guten Tagen mit den schlechten sofort zurechtkäme, freudig Strategien entwickelte, um auch aus diesen etwas zu machen? Es ist gar nicht so selten, dass wir auf jedwelchen Entzug von etwas »Gutem« mit einer depressiven Verstimmung reagieren. Wer von uns könnte behaupten, dass er gut mit dem Lebensgesetz von Geburt und Tod umginge? Wir wollen zwar das Neue, das Andere, aber es stört uns auch in unseren Gewohnheiten – und was wir haben, das halten wir dann eben fest ... Allenfalls wollen wir schon das Neue – wenn möglich sogar immer mehr davon – aber wir wollen auch alles Alte behalten. Manchmal lieben wir mehr den Anschein einer Veränderung aber nicht wirklich eine Veränderung. Das Märchen spricht also durchaus allgemeinmenschliche Probleme an. Und es tat dies auch schon zur Zeit, als es aufgezeichnet wurde.

Es tut dies auch noch in einer anderen Form. Es ist unterdessen bekannt, dass das Weibliche, die Große Göttin in ihrer Bedeutung in den letzten zwei Jahrtausenden unterschätzt und beschnitten wurde. Gerade auch die Abkehr von einem Leben, das den Rhythmen der Natur verbundener ist als es das heutige ist, zeigt das. Es ist auch bekannt, dass viele Aspekte der Großen Göttin in den Volksmärchen weiterleben, zum Teil auch in der »entwerteten« Form, etwa als Hexe, die nach Leben giert, oder eben als Nixe, die Neugeborene stehlen will. Von den Märchen geht immer wieder der Impuls aus, diese Gestalten ins Leben mit einzubeziehen, sich letztlich den Lebensweisheiten, die mit der Großen Göttin verbunden sind, wieder anzuschließen.[23] Von diesem Märchen aus gesehen: Die Nixe will auch mitleben, die Nixe hat auch ein Recht, mitzuleben.

Die Familie des Müllers im Märchen zeigt modellhaft, wie mit diesen Problemen umgegangen werden kann, zeigt einen Weg, wie die Nixe ins Leben integriert werden kann.

Die ersehnte und die gefürchtete heftige Emotion

Leben soll intensiv sein – ist es das nicht, dann suchen wir Menschen alle möglichen Mittel, um die Intensität zu steigern, notfalls auch mit Rauschmitteln. Wenn das Leben aber »intensiv« ist, dann versuchen wir mit allen Mitteln, diese Intensität abzudämpfen – mit bewusster Kontrolle, mit Abwehrmechanismen, mit Medikamenten usw.

Was verstehen wir unter Intensität? Dass wir uns lebendig fühlen, kraftvoll, belebt, beschwingt – von irgend einer inspirierenden Idee getragen. Intensität erleben wir dann, wenn wir von Emotionen ergriffen sind. Eine heftige Angst zu erleben, ist eine Erfahrung von Intensität. Große Begeisterung ist auch ein Erleben von Intensität, das Erleben von Leidenschaft. In unseren Emotionen spüren wir uns selbst, sind wir auch bei uns. Unser emotionaler Kern macht sehr deutlich unser Selbstsein aus. Emotionen erfahren zu können, gibt uns ein Gefühl der Lebendigkeit; bewusst erlebte Emotionen sind ein wesentlicher Aspekt unseres Selbstgefühls und damit auch unseres Selbstwertgefühls. Emotionen lösen auch eine gewisse Angst aus: Sie müssen kontrolliert werden, sonst werden wir von ihnen »überschwemmt«, reagieren nur noch »emotional« – und das ist bekanntlich immer noch ein Schimpfwort – so meint man.

Unterdessen wissen wir aber, dass man Emotionen zwar unterdrücken kann, dass sie dann aber erst Recht unsere »rationalen« Gespräche und Überlegungen bestimmen. Es wäre besser, die Emotionen einzubeziehen und sie dadurch in eine Form zu bringen, die dem menschlichen Zusammenleben dienlich ist.

Vorerst herrscht gesellschaftlich noch immer die Idealisierung des kontrollierten, kühlen Menschen (Mannes) und die direkt damit zusammenhängende Sehnsucht nach Lebendigkeit, die so oft als »Action« missverstanden wird. Es wächst der Angstpegel und damit der offene oder mehr verdeckte Ärgerpegel vieler Menschen ganz generell, der unter anderem auch damit zu tun haben kann, dass sie so viele ihrer anderen Emotionen verdrängen müssen. Weniger Angst vor Emotionen und ein anderer Umgang mit den Emotionen wären angebracht – mit allen dazugehörigen Emotionen.

Die Nixe als Symbol legt nahe, nach der Leidenschaft zu fragen. Und wenn die Leidenschaft in Verbindung mit der Nixe gebracht wird, dann ist deutlich, dass keine moderate Leidenschaft damit gemeint sein kann, sondern eine, die uns auch ein wenig unheimlich ist – faszinierend unheimlich. Jede Leidenschaft bringt es mit sich, dass wir von einem Gegenstand, für den wir uns leidenschaftlich interessieren, von einem Menschen, der unsere Leidenschaft zu wecken vermag, von einer Tätigkeit, der wir uns mit Leidenschaft verschrieben haben, ganz besetzt sind, mit Beschlag belegt, und dass sie viele unserer Kräfte und Energien beanspruchen. Im Gegenzug werden wir dadurch belebt, bekommt unser Leben Bedeutung und Schwung; was unser Interesse so sehr weckt, macht uns interessant und macht das Leben interessant, und damit haben wir ein fraglos gutes Selbstwertgefühl, zumindest solange, wie die Leidenschaft uns zu fesseln vermag und wir genug Energien haben, sie uns zu gestatten. Das Leben mag einseitig werden, wir mögen einiges versäumen, was wir vielleicht nicht versäumen zu sollen meinen, es kommt möglicherweise recht vieles, was auch zum Leben gehört, durcheinander. Aber nicht zuletzt verändern wir uns selbst dabei, lernen Seiten an uns kennen, von denen wir keine Ahnung hatten. Das Gewohnte verliert an Bedeutung, das Leben wird unruhig, aber es ist intensiv, es holt unsere Begabung zur Intensität aus uns heraus. Falls das Leben chaotisch geworden sein sollte, dann im Sinne eines Übergangs: Wir können nicht in großen Lebensübergängen stehen und dieselben bleiben. Das allenfalls erlebte Chaos aber zeigt den Übergang in eine neue Ordnung an. Wie jede Emotion überrascht die Leidenschaft nicht nur durch die Tiefe und Dringlichkeit des Gefühls, sondern auch durch ihre Zielrichtung, die gerade durch das drängende Gefühl auch wirklich eingehalten wird. Und bedenken wir: Nur wenn wir uns von den Emotionen wirklich betreffen lassen, haben wir genug Energie zum Handeln.

Und es ist alles wieder wie zuvor

Indessen kehrte das Glück in das Haus des Müllers wieder ein. Was er unternahm, gelang, es war, als ob Kisten und Kasten von selbst sich füllten und das Geld im Schrank über Nacht sich mehrte. Es dauerte nicht lange, so war sein Reichtum größer als je zuvor. Aber er konnte sich nicht ungestört darüber freuen: die Zusage, die er der Nixe getan hatte, quälte sein Herz. Sooft er an dem Teich vorbeikam, fürchtete er, sie möchte auftauchen und ihn an seine Schuld mahnen. Den Knaben selbst ließ er nicht in die Nähe des Wassers: »Hüte dich«, sagte er zu ihm, »wenn du das Wasser berührst, so kommt eine Hand heraus, hascht dich und zieht dich hinab.« Doch als Jahr auf Jahr verging und die Nixe sich nicht wieder zeigte, so fing der Müller an, sich zu beruhigen.

Der Knabe wuchs zum Jüngling heran und kam bei einem Jäger in die Lehre. Als er ausgelernt hatte und ein tüchtiger Jäger geworden war, nahm ihn der Herr des Dorfes in seine Dienste. In dem Dorf war ein schönes und treues Mädchen, das gefiel dem Jäger, und als sein Herr das bemerkte, schenkte er ihm ein kleines Haus; die beiden hielten Hochzeit, lebten ruhig und glücklich und liebten sich von Herzen.

Das Glück kehrt wieder in das Haus des Müllers ein. Glück wird hier dadurch definiert, dass alles, was der Müller unternimmt, auch gelingt und sich auch gleich auszahlt. Es ist alles wie zuvor, sogar noch etwas besser. Der

Mühlteich allerdings erinnert den Müller an seine Schuld, quält sein Herz, die Schuld aber wird nicht eingefordert, und der Müller beruhigt sich. Allerdings wird der Knabe über sein problematisches Schicksal informiert, und es werden auch Vorkehrungen zu seinem Schutz unternommen. Er soll die Nähe des Wassers meiden, sonst werde eine Hand ihn hinabziehen. Vermittelt wird hier das gängige Bild der Nixe als einer Todesdämonin. Die Angst vor dem Nixenhaften ist also sehr groß.

Der Müller lebt sein Leben wie zuvor – er hat einmal eine große Krise gehabt, die er zum Glück überwunden hat. Eine Ahnung für die Lösung des Problems, ihr erstes Sichtbarwerden, hat genügt, ihn wieder an den Lebensstrom anzuschließen, er ist wieder zufrieden, alles gelingt wieder. Er ist fast unverändert aus der Krise hervorgegangen, er führt sein Leben, wie er es immer geführt hat, ist glücklich und kommt sich wohl erfolgreich vor. Im Zusammenhang mit dem Sohn wird er noch ab und zu an die Nixe denken – vielleicht.

Der Müller gleicht jenen Menschen, die einmal in einer Krise sehr wohl spüren, was sie vom Leben ausgeschlossen haben – dieses Wissen aber belebt und beruhigt sie so sehr, dass sie keine Anstalten machen, das Gewusste auch ins Leben zu integrieren, ihr Leben aktiv zu verändern, sie hängen zu sehr an der Gewohnheit. Auch sie haben dann zwar gelegentlich Schuldgefühle wie der Müller – sie wissen genau, dass sie dem Leben etwas schuldig bleiben – auch sie werden gelegentlich an den Teich erinnert, in dem, etwas zugedeckt meistens, das zu Integrierende wartet, aber es scheint für diese Menschen zu genügen, dass sie das Problem zur Kenntnis genommen haben. »Der Sohn« – oder irgendjemand – ist dann dazu ausersehen, dieses Problem wirklich zu lösen.

Das Problem kann im Märchen aber nur durch den Sohn zusammen mit seiner Frau gelöst werden. Der Sohn allein wäre dem Problem letztlich hilflos ausgeliefert. Es ist also eine Problematik, zu deren Lösung Mann und Frau gemeinsam etwas beitragen müssen.

Man kann den Sohn und seine Frau als Vertreter einer nächsten Generation verstehen, die ein ungelöstes Problem ihrer Elterngeneration aufarbeiten. Das kann wiederum gesehen werden als ein normaler Ablauf in der Generationenfolge. In jeder Generation werden gewisse Probleme verdrängt. Das ist in einzelnen Familien so, das gilt aber auch für das Kollektiv. Menschen leben immer in Zeitströmungen, die unter anderem auch dadurch entstehen, dass eine ganze Gesellschaft gewisse Haltungen und Werte favorisiert und andere dadurch gemeinsam verdrängt. Das fällt nicht auf, denn wenn es alle oder fast alle tun, dann ist es normal, und die, die das Verdrängte sehen und ansprechen, gelten als Störenfriede. Eine ganze Gesellschaft verdrängt also gemeinsam gewisse Probleme, die dann von der nächsten oder übernächsten Generation im Sinne der Rückkehr des Verdrängten aufgearbeitet werden müssen. Dabei werden dann wieder andere Aspekte verdrängt, die wiederum … In diesem Sinne kann unser Märchen verstanden werden. Träger und Trägerin der Handlung sind dann Modelle für den notwendigen kollektiven Entwicklungsprozess, an ihnen könnte man lernen, was zu geschehen hätte. Natürlich ist es auch möglich – mehr persönlich gedacht –, dass in einer bestimmten Familie gewisse Probleme nicht aufgearbeitet werden, bis sie dann in einer folgenden Generation nicht mehr verdrängt werden können, sondern aufgearbeitet werden müssen.

Wollte man es bei der Interpretation dieses Märchens vermeiden, die Entwicklung auf zwei Generationen zu verteilen, könnte man es auch so deuten, dass der Knabe eine Seite im Müller darstellt, die aus der Erfahrung der Armut heraus »geboren« worden und fähig ist, das Problem, das hinter der Depression steckt, zu lösen. Diese Art der subjektstufigen Deutung werde ich hier nicht anwenden, da der Müller in der Folge keine Rolle mehr spielt. Auch kommt es mir psychisch sehr stimmig vor, dass die Kinder immer wieder die Probleme ihrer Eltern oder der Elterngeneration aufarbeiten müssen, und es kommt mir auch stimmig vor, dass anstehende Entwicklungen von Menschen zwar im Ansatz gesehen, aber nicht wirklich aufgenommen werden. Die Macht der Gewohnheit ist eine ungeheure Macht.

Ich betrachte das Märchen jetzt also als ein Zweigenerationenmärchen und gehe deshalb in der Interpretation zur nächsten Generation über.

Zunächst soll der Knabe das große Problem meiden. Das Wissen um die Bedrohung, dass er, käme er in die Nähe der nixenhaften Emotionen, ganz und gar der Nixe verfallen würde, bewirkt zunächst, dass er einen großen Bogen um den besagten Teich macht. Die Nixe interessiert sich offenbar auch nicht für den Knaben, sie wartet, bis er ein Mann ist. Das Problem ist kein Problem, das ihn in seiner frühen Kindheit betrifft, es wird ihn in seinem Mannesalter treffen. Dennoch wird er auf die Lösung des Problems vorbereitet: Er geht bei einem Jäger in die Lehre. Er lernt, mit einem Aspekt der Natur umzugehen und meidet dabei doch das Wasser.

Er lernt die Natur in ihrem Wachsen und Vergehen zu beobachten, er wird vertraut mit den Lebensgewohnheiten der Tiere, er lernt zu schießen und zu töten. Er lernt, sich gezielt aggressiv zu verhalten, um sich seinen Lebensunterhalt zu verdienen. Er bleibt im Bereich der Artemis, der großen Jägerin, entwickelt dort Strategien und Kenntnisse und ist zunächst noch nicht bedroht von der Nixe. Mit dieser bewussten Vermeidungsstrategie lässt es sich gut leben. Zunächst.

Was hier im Umgang mit diesem »Nixenkomplex«[24] geschildert wird, kann man verallgemeinert auch auf den Umgang mit allen komplexhaften Aspekten in unserer Seele anwenden, mit allen großen Konflikten, die sehr bedrohlich sind und nicht in direkter Konfrontation angegangen werden können. Man muss dieses Problem kennen und es erst mal umrissartig benennen, um es weiter zu meiden, bis man ich-stark genug ist, um es anzugehen. Diese Ichstärke gewinnt man, indem man Seiten an sich entwickelt, die nah am Problem sind, aber dennoch nicht das Problem selber betreffen. Der junge Mann lernt, sich mit der Undurchdringlichkeit des Waldes auseinander zu setzen. Auch im Wald könnte man sich verlaufen und nicht mehr herausfinden – auch das ist ein Märchenthema. Auch in diesem Zusammenhang würde man etwas unpräzise davon sprechen, dass ein Mensch vom Unbewussten überwältigt ist – ähnlich, wie wenn er von der Nixe in den Teich gezogen würde. Dennoch ist da ein Unterschied. Auch wenn man im Wald keinen Weg mehr findet, durchaus verloren ist ohne Hilfe – wobei man auch selber rettende Einfälle haben kann[25] –, wird man doch noch auf den eigenen Beinen stehen können. Die Unfreiheit, die Hilflosigkeit ist weniger groß, als befände man sich unter Wasser in den Armen einer Nixe. Dafür hat man allerdings im Wald auch nicht die Gesellschaft einer Nixe. Da geht es in der Regel ruhiger zu und her. Entwickelt man Formen des Umgangs mit einem Aspekt der Natur, der innerhalb des Problems mit ihr gerade nicht das Hauptproblem ist, so entwickelt man dabei Seiten, die einen in der Ich-Aktivität stützen und das Gefühl von Kompetenz vermitteln, also auch wieder den Selbstwert stärken. Zudem arbeitet man schon am Rande, aber nicht im Zentrum des Problembereichs. Mit einem sicheren Selbstwert können dann auch sehr bedrohliche Probleme angegangen werden.

In dieser kreativen Vermeidungsstrategie ist der junge Mann sehr erfolgreich, er ist ein tüchtiger Jäger, findet ein Mädchen, das er liebt und das ihn auch liebt, sie erhalten sogar eine Behausung für diese Liebe, und alles scheint bestens zu sein. Sie scheinen zwar keine Kinder zu haben, aber er hat eine liebende Frau und ein Haus – er hat, was man zu haben hat, was Ausdruck eines gelungenen Lebens zu sein scheint. Er ist in sich ein glücklicher Mensch, findet, was er braucht und bekommt sein Haus geschenkt – von seinem Jägermeister, dem Herrn des Dorfes, der den persönlichen Vater abgelöst hat. Was er von seinem Vater nicht lernen konnte, das entschlossene Jagen, das einem Tier Folgen, es beharrlich im Auge behalten, dieses aktive Mit-dem-Leben-Umgehen, das hat er von einem Ersatzvater gelernt. Was von den Vätern zu lernen war, das ist gelernt. Aber jetzt, da die Liebe eine Rolle spielt in seinem Leben, jetzt dürfte sich auch das Problem der Nixe wieder zeigen. Während beim Müller also alles wieder beim Alten ist und auch alles beim Alten bleibt, hat er immerhin seinen Sohn angehalten, sich so zu entwickeln, dass er das anstehende Problem lösen kann.

Die Stunde der Nixe

Einstmals verfolgte der Jäger ein Reh. Als das Tier aus dem Walde in das freie Feld ausbog, setzte er ihm nach und streckte es endlich mit einem Schuss nieder. Er bemerkte nicht, dass er sich in der Nähe des gefährlichen Weihers befand, und ging, nachdem er das Tier ausgeweidet hatte, zu dem Wasser, um seine mit Blut befleckten Hände zu waschen. Kaum aber hatte er sie hineingetaucht, als die Nixe emporstieg, lachend mit ihren nassen Armen ihn umschlang und so schnell hinabzog, dass die Wellen über ihm zusammenschlugen.

Eines Tages verfolgt der Jäger ein Reh. Er hat sich also von zu Hause entfernt, um zu jagen. Damit ist er aber auch neuen Einflüssen zugänglich. Hirsche und Rehe locken in den Märchen die Helden jeweils in eine jenseitige Sphäre, an einen Ort, wo sie sich ganz entscheidend bewähren müssen oder untergehen. Sie werden verführt, zum Zentrum ihres Problems vorzustoßen. Das Reh ist das heilige Tier der Geburtsgöttin.[26] Ein flüchtendes Reh kann eine Sehnsucht ausdrücken, die man selber möglicherweise noch gar nicht benennen kann, ein Gezogensein zu etwas Unbekanntem hin. Dahinter kann durchaus der Einfluss der Geburtsgöttin Artemis stehen, denn etwas soll sich ja grundlegend verwandeln. Dieses flüchtende Reh löst den Impuls aus, es zu erlegen, es zu haben. Dieser Impuls ist so beherrschend, der Jäger verfolgt das Reh offenbar so besessen, dass er gar nicht merkt, dass er sich in der Nähe des gefährlichen Weihers befindet. Ihn hat die Jagdleidenschaft so richtig erfasst, er muss das Reh zur Strecke bringen, koste es, was es wolle. Zwar sieht es aus, als würde diese Sehnsucht getötet, indem das Reh getötet wird – und dennoch führt es ihn zum Grunde seiner Sehnsucht, zur Nixe. Er »hat« ja jetzt sein Reh, hat es sich mit aller Leidenschaft erjagt, und das ist ein gängiges erotisch-sexuelles Bild, das recht viel aussagt über das Verhältnis der Geschlechter – und so meint er wohl auch, er hätte die Nixe, er hätte das, was die Nixe verkörpert, in sein Leben hereingeholt. Dass dem nicht so ist und statt dessen die Nixe ihn »hat« und er von einer psychischen Wirklichkeit eingeholt worden ist, die ihn extrem verletzbar macht, daran denkt er nicht. Während er seine blutigen Hände im Weiher wäscht, steigt die Nixe aus dem Teich empor, umschlingt ihn lachend mit nassen Armen und zieht ihn hinab. Keine dämonische Nixe wartet auf ihn, eine begeisterte, lachende, vielleicht etwas triumphierende Nixe. Jetzt hat ihr der Jäger offenbar nichts mehr entgegenzusetzen.

Nachdem ihn einmal die Leidenschaft so richtig gepackt hat, verfällt er ihr ganz und gar. Das Märchen braucht dafür den Ausdruck, dass er sich in den Armen der Nixe am Grunde des Teiches wohl befindet.

Die blutige Tat ist für einen Jäger lebensnotwendig. Bei den Jägervölkern, die ethnologisch beobachtet werden konnten, traten nach Burkert[27] Schuldgefühle dem Tier gegenüber auf und damit verbunden waren die Rituale der Wiedergutmachung. Burkert deutet dies in dem Sinne, dass das Erlebnis des gewaltsamen Todes im Mittelpunkt steht, »die blutige ›Tat‹ war lebensnotwendig, doch nicht minder notwendig ist, dass neues Leben entsteht«[28]. Aggression und Sexualität spielten beim Jagdverhalten zusammen: Aggression zwischen den Männern wird auf das Tier gerichtet. Während der Jäger unterwegs ist, muss er auf seine sexuelle Befriedigung verzichten, denn bei der Jagd mussten alle Kräfte eingesetzt werden.

Burkert erwähnt die Tatsache, dass, weil der Tötungsakt sexuell aufgeladen sei, zur Vorbereitung der Jagd nicht selten sexuelle Abstinenz gehöre. Er erinnert an Hippolytos, der im Dienste der Artemis stand und dem Keuschheit zur »unverzichtbaren Lebensform geworden ist; doch in seinem Untergang triumphiert Aphrodite: zu seinem Grab und Heiligtum gehört der Tempel der Aphrodite.«[29]

Im Sterben des Beutetieres wurde die Menschenähnlichkeit des Tieres am ehesten erkannt, im Fließen des Blutes ganz besonders.[30] Schuldgefühle bewirken, dass die Bereitschaft zur Wiedergutmachung wächst, dass der Mensch anerkennt, dass er eine Grenze überschritten hat – im Opfermahl wird diese Wiedergutmachung zelebriert. Tötung und Todesgefahr entsprechen sich; indem der Tod herbeigeführt wird, ist er machbar geworden, wiederholbar – und auch zu überwinden durch das feierliche Essen.[31]

Aber gerade dieses Ritual findet nicht statt in unserem Märchen, der Tod ist letztlich doch nicht in die Hand des Jägers gegeben. Das ist es wohl, was er lernen muss. Falls er gemeint haben sollte, dass er kann, was er will – dann stimmt das jetzt nicht mehr. Und hier triumphiert die Nixe. War der Jäger sexuell enthaltsam und auf den Tötungsakt konzentriert, kam er sich dabei vielleicht so ganz und gar als Mann vor, sogar als einer, der über den Tod und die damit notwendige Veränderung triumphiert – jetzt ist er in den Händen der Nixe. Er muss etwas anderes lernen. Die Geburtsgöttin lehrt, dass das Leben seine Kontinuität durch Geburten bekommt – trotz Tod – und nicht durch die Identifikation mit dem Tod als dem unzerstörbaren Zerstörer.[32]

Das Thema von Liebe und Tod wird immer deutlicher. Jetzt, wo er die Leidenschaft erlebt hat, und die ist wohl am deutlichsten ausgedrückt im unbeirrbaren Verfolgen des Rehs aber auch in den blutigen Händen, an denen das Geschäft des Tötens so sichtbar wird, wo er bewusst mit der Vitalität und dem Verlust der Vitalität konfrontiert ist, jetzt ist er verwundbar geworden, jetzt ist Tod ein Thema – und er kann die Angst vor dem Tod, die Angst vor dem Auslöschen all dessen, was er liebt, nicht einfach dadurch überwinden, dass er tötet. Er muss durch die schmerzhafte Entwicklung hindurch, die dieses Bestimmtsein durch das Thema der Nixe bedeutet.

In den Armen der Nixe am Grunde des Teiches

Was immer man sich darunter auch vorstellen mag, die Verbindung zu seiner Frau ist dadurch unterbrochen, die beiden sind getrennt, und die Frau erlebt das als verzweiflungsvollen Verlust, der auch die Fortsetzung der Geschichte bestimmt. Wie er es erlebt, wissen wir nicht. Man kann sich vorstellen, dass dieser Jäger nun so sehr einer Leidenschaft verfallen ist, dass er das normale Leben darüber vergisst. Es könnte auch sein, dass er in eine tiefe Depression verfällt, gerade weil er spürt, dass er diese Leidenschaft in der Ehe mit seiner Frau nicht leben kann und dass diese nicht einfach herstellbar ist. Man kann sich auch vorstellen, dass die Nixe auf eine reale Frau projiziert wird, die möglicherweise »blutvoller« ist als seine eigene Frau. Auf jeden Fall hat sich nun das Versprechen, das der Müller gegeben hat, erfüllt. Die Nixe hat, was sie gefordert hatte.

Ein Mann mit einer Nixenfaszination, die er von seinem Vater geerbt hat, kann die Gefahr und das Faszinosum, die von einem psychischen Bereich nicht gelebter Emotionalität, umfassender Sinnenhaftigkeit und Liebe ausgehen, über lange Zeit kontrollieren, indem er verschiedene Vermeidungsstrategien aufbaut, unter anderem auch ein Bild von sich als Mann, der kann, was er will. Aber irgendwann versagt alle Kompensation, muss der Gegenstand der Angst doch angegangen werden. Unsere Sehnsüchte führen uns oft zu dem uns Ängstigenden hin. Das uns Ängstigende ist aber oft auch das uns Faszinierende, das uns, wenn wir Mut zur Angst entwickeln, in neue Lebenserfahrungen verstrickt, ein Mehr an Leben verspricht.

Zeit der Trauer

Als es Abend war und der Jäger nicht nach Haus kam, so geriet seine Frau in Angst. Sie ging aus, ihn zu suchen, und da er ihr oft erzählt hatte, dass er sich vor den Nachstellungen der Nixe in Acht nehmen müsste und nicht in die Nähe des Weihers sich wagen dürfte, so ahnte sie schon, was geschehen war. Sie eilte zu dem Wasser, und als sie am Ufer seine Jägertasche liegen fand, da konnte sie nicht länger an dem Unglück zweifeln. Wehklagend und händeringend rief sie ihren Liebsten mit Namen, aber vergeblich. Sie eilte hinüber auf die andere Seite des Weihers und rief ihn aufs Neue, sie schalt die Nixe mit harten Worten, aber keine Antwort erfolgte. Der Spiegel des Wassers blieb ruhig, nur das halbe Gesicht des Mondes blickte unbeweglich zu ihr herauf.

Die arme Frau verließ den Teich nicht. Mit schnellen Schritten, ohne Rast und Ruhe, umkreiste sie ihn immer von neuem, manchmal still, manchmal einen heftigen Schrei ausstoßend, manchmal in leisem Wimmern. Endlich waren ihre Kräfte zu Ende; sie sank zur Erde nieder und verfiel in einen tiefen Schlaf.

Der Fortgang des Märchens ist nun wesentlich von der Frau des Jägers getragen. Ich schwenke deshalb auch in der Interpretation zu ihr hinüber, betrachte ihre Schritte zur Erlösung des Jägers als Schritte einer Frau, die in einer vergleichbaren Lebenssituation versucht, die Beziehung zu ihrem geliebten Mann wieder herzustellen. Solange ihr

Mann ein Jäger war, hatte sie kaum eine Funktion, jetzt wird sie Trägerin der Handlung.

Als der Jäger nicht nach Hause kommt, gerät die Frau in Angst. Sie weiß um die Bedrohung, und sie ahnt, was geschehen ist. Als sie seine Jägertasche am Ufer des Weihers liegen sieht, ist ihr klar, was geschehen ist. Sie drückt ihre Gefühle über den Verlust aus. Wehklagend ruft sie den Namen des Geliebten, sie will ihn zurückhaben, sie beschimpft die Nixe – es nützt alles nichts. »Der Spiegel des Wassers blieb ruhig, nur das halbe Gesicht des Mondes blickt unbeweglich zu ihr herauf.« Nichts bewegt sich, sie sieht den Mond nicht am Himmel, sondern nimmt ihn aus der Spiegelung im Wasser wahr. Statt den Mann wieder herzugeben, wirft das Wasser ihr das Bild des halben Mondes zurück. Er ist halb – ein Zeichen dafür, dass sie sich jetzt in dieser Verlustsituation halb fühlt? Oder eher ein Symbol dafür, dass sie in der Entwicklung zu ihrer Weiblichkeit erst die halbe Fülle erreicht hat? Wir wissen nämlich nicht, ob der Mond halb leer oder halb voll ist.

Der Mond wird hier eingeführt mit seinen Phasen. Dadurch, dass er sich ständig verändert, ist er ein Symbol für die ständige Veränderung geworden, wobei die zyklische lunare Zeit mit Geburt – Neumond zu Vollmond – und Tod – Vollmond zu Leermond, und da Wiedergeburt – verbunden wird. Die drei Phasen des Mondes – neu – wachsend (voll) – alt (Neu- oder Schwarzmond) werden auch in Verbindung gebracht mit der dreifaltigen Göttin, der Göttin als Mädchen, der Göttin als reife Frau, der Göttin als alte Weise, verbunden mit den Geheimnissen des Todes. Der Mond mit seinen Einflüssen auf die Erde, das Meer und den weiblichen Organismus wird oft in Verbindung gebracht mit dem weiblichen Zyklus und der Fruchtbarkeit und von daher auch mit dem Wesen der Frau als ganzem. Der Halbmond ist eine häufige Form, in der der Mond symbolisch dargestellt wird. Als Sichelmond ist er das Attribut der jungfräulichen Göttinnen, z. B. der Artemis. Als Vollmond steht er dann dem Thema von Schwangerschaft und Gebären nahe. Jetzt muss also die Frau einen Entwicklungspart übernehmen – und sie wird sich dabei zur reifen Frau entwickeln, die allenfalls auch Kinder gebären kann. Für sie ist es offenbar einfacher, sich mit dem Problem der Nixe auseinander zu setzen, wenn auch nicht einfach. Es ist eine notwendige Reaktion aus der Verzweiflung und aus der Bezogenheit heraus.

Obwohl keine Aussicht auf Erfolg da ist, umkreist die Frau den Weiher, bald wehklagend, händeringend, bald still, wimmernd. Sie trauert. Das ist eine neue Emotion und ein neues Verhalten in diesem Märchen. Der Müller wurde bei seinem Verlust depressiv – getrauert hat bis jetzt niemand. Das Trauern ist aber die Emotion, durch die wir ausdrücken, dass wir etwas verloren haben, was für uns sehr wertvoll war. Die Trauer ist aber auch die Emotion, die, können wir uns ihr überlassen, wie die Frau des Jägers es exemplarisch zu tun vermag, uns hilft, den Verlust zu verarbeiten, so dass wir fähig sind, trotz des Verlustes uns neu auf das Leben einzulassen. Zunächst will die Frau des Jägers nicht wahrhaben, was sie doch ganz deutlich weiß: dass sie ihren Mann an die Nixe verloren hat. Als sie diese Verleugnung, die wir immer dann aufbauen, wenn uns ein Verlust zu sehr schockiert, nicht mehr aufrechterhalten kann – sie sieht ja die Jägertasche –, beginnt sie zu wehklagen, die Nixe zu beschimpfen, will ihren Geliebten zurück. So trauern auch Menschen, die einen geliebten Menschen verloren haben, sie wehklagen, sie beschimpfen das Schicksal, das hier in Gestalt der Nixe ins Leben der beiden eingegriffen hat. Der Mond auf dem stillen Wasser würde eine Hoffnung anbieten – der halbe Mond wird immer einmal voll, auch wenn er zunächst sogar noch einmal leer würde – aber dieses Zeichen der Hoffnung kann die Frau nicht aufnehmen, kann es nicht wahrnehmen. Sie umkreist den Teich – sie umkreist das Problem ihres Verlusts, sieht es dabei aus allen möglichen Perspektiven – bis sie nicht mehr kann. In einem Trauerprozess würde man davon sprechen, dass sie nach einer Phase des Nichtwahrhabenwollens des Verlustes sich der Phase der »aufbrechenden chaotischen Emotionen« überlassen hat.[33]

Als die Kräfte sie verlassen – dieses Ausdrücken der Emotionen kostet viel Kraft – sinkt sie zur Erde nieder und fällt in Schlaf. Sie übergibt sich dem, was sie trägt, der Erde und dem Schlaf. Da ist sie umfangen von etwas, das sie einhüllt, ihr wenigstens für eine kurze Zeit ihren Schmerz wegnimmt. Von ihrem Bewusstsein aus hat sie alles getan, was sie tun kann, sie hat keine Kräfte mehr zum Klagen, – sie hat vital, fast könnte man sagen aggressiv, geklagt – jetzt überlässt sie sich ihrer leiblichen Existenz und dem Unbewussten. In dieser Situation hat sie einen Traum.

Dadurch, dass sie in ihrer Lebenskrise, in ihrer Verzweiflung, so offen ihre Gefühle zum Ausdruck gebracht hat, aber natürlich auch so bestimmt ist von ihren Gefühlen – sie hat keine Abwehrmechanismen mehr, um diese Gefühle zu verdrängen oder zu kontrollieren –, ist sie ganz nahe dem Unbewussten, das sich in solchen Situationen oft in einem bedeutsamen Traum äußert. In Krisensituationen – und das Erleben eines Verlustes ist natürlich eine Krisensituation – pflegen Träume, gerade wegen der fast fehlenden Abwehrmechanismen, sich sehr genau auf das Problem zu beziehen, das den Menschen in die Krise gebracht hat. Der Frau des Jägers geschieht, was vielen Menschen in Krisensituationen geschieht: Hilfe kommt aus einem Traum.[34]

Der Traum

Bald überkam sie ein Traum. Sie stieg zwischen großen Felsblöcken angstvoll aufwärts; Dornen und Ranken hakten sich an ihre Füße, der Regen schlug ihr ins Gesicht, und der Wind zauste ihr langes Haar. Als sie die Anhöhe erreicht hatte, bot sich ein ganz anderer Anblick dar. Der Himmel war blau, die Luft mild, der Boden senkte sich sanft hinab, und auf einer grünen, bunt beblümten Wiese stand eine reinliche Hütte. Sie ging darauf zu und öffnete die Türe; da saß eine Alte mit weißen Haaren, die ihr freundlich winkte. In dem Augenblick erwachte die arme Frau. Der Tag war schon angebrochen, und sie entschloss sich, gleich dem Traum Folge zu leisten. Sie stieg mühsam den Berg hinauf, und es war alles so, wie sie es in der Nacht gesehen hatte. Die Alte empfing sie freundlich und zeigte ihr einen Stuhl, auf den sie sich setzen sollte. »Du musst ein Unglück erlebt haben«, sagte sie, »weil du meine einsame Hütte aufsuchst.« Die Frau erzählte ihr unter Tränen, was ihr begegnet war. »Tröste dich«, sagte die Alte, »ich will dir helfen: da hast du einen goldenen Kamm. Harre, bis der Vollmond aufgestiegen ist, dann geh zu dem Weiher, setze dich am Rand nieder und strähle dein langes schwarzes Haar mit diesem Kamm. Wenn du aber fertig bist, so lege ihn am Ufer nieder, und du wirst sehen, was geschieht.«

Die Frau kehrte zurück, aber die Zeit bis zum Vollmond verstrich ihr langsam. Endlich erschien die leuchtende Scheibe am Himmel; da ging sie hinaus an den Weiher, setzte sich nieder und kämmte ihre langen schwarzen

Haare mit dem goldenen Kamm, und als sie fertig war, legte sie ihn an den Rand des Wassers nieder. Nicht lange, so brauste es aus der Tiefe, eine Welle erhob sich, rollte an das Ufer und führte den Kamm mit sich fort. Es dauerte nicht länger, als der Kamm nötig hatte, auf den Grund zu sinken, so teilte sich der Wasserspiegel, und der Kopf des Jägers stieg in die Höhe. Er sprach nicht, schaute aber seine Frau mit traurigen Blicken an. In demselben Augenblick kam eine zweite Welle herangerauscht und bedeckte das Haupt des Mannes. Alles war verschwunden, der Weiher lag so ruhig wie zuvor, und nur das Gesicht des Vollmondes glänzte darauf.

Trostlos kehrte die Frau zurück, doch der Traum zeigte ihr die Hütte der Alten. Abermals machte sie sich am nächsten Morgen auf den Weg und klagte der weisen Frau ihr Leid. Die Alte gab ihr eine goldene Flöte und sprach: »Harre bis der Vollmond wieder kommt, dann nimm diese Flöte, setze dich ans Ufer, blas ein schönes Lied darauf, und wenn du damit fertig bist, so lege sie auf den Sand; du wirst sehen, was geschieht.«

Die Frau tat, wie die Alte gesagt hatte. Kaum lag die Flöte auf dem Sand, so brauste es aus der Tiefe: eine Welle erhob sich, zog heran und führte die Flöte mit sich fort. Bald darauf teilte sich das Wasser, und nicht bloß der Kopf, auch der Mann bis zur Hälfte des Leibes stieg hervor. Er breitete voll Verlangen seine Arme nach ihr aus, aber eine zweite Weile rauschte heran, bedeckte ihn und zog ihn wieder hinab.

Angstvoll steigt die Frau aufwärts – die Angst ist betont, aber auch, dass es wieder aufwärts geht – allerdings sind da einige »Brocken« am Wege, die sie umgehen muss. Der Weg, den sie offenbar gehen muss, ist dornig, alles Mögliche rankt sich ihr um die Füße, könnte sie leicht zu Fall bringen.

Aber nicht nur der Weg, auf dem sie geht, ist dornig, Symbol für ihren jetzt einzuschlagenden Lebensweg; zu allem Übel regnet es auch noch, und der Wind bläst ihr ins Gesicht. Sie hat im wahrsten Sinn des Wortes Gegenwind, und der Wind zaust ihr langes Haar. Das ganze Bild ist ein Ausdruck des Widerständigen, dem sie sich stellen muss, um auf die Anhöhe zu kommen. Sich diesen Widrigkeiten zu stellen, ist gleichzeitig ein Aufstieg zu einer Anhöhe, die nun ganz andere Bereiche des Lebens sichtbar macht: Oben hat sich das Wetter beruhigt, es ist ausgesprochen schön. Auf einer grünen Wiese mit Blumen steht eine reinliche Hütte. Alles ist nun sehr ordentlich, vertrauenerweckend. Die Farbe Grün scheint zu dominieren, eine Farbe, die auf Wachsen und Werden hindeutet – und in diesem Zusammenhang auch Hoffnung. Die junge Frau öffnet die Türe – und da sitzt nun eine Alte mit weißen Haaren, die ihr freundlich zuwinkt, es also freundlich begrüßt, dass die Frau des Jägers die Türe zu ihrer Hütte öffnet. Der Traum endet mit der Hoffnung, dass der Weg zu dieser alten weisen Frau führen wird[35] und dass die wohl einen Rat für die junge Frau haben könnte.

Und an dieser Stelle – mit der Hoffnung offenbar – erwacht die junge Frau, und sie entschließt sich, in die Tat umzusetzen, was der Traum ihr vorgeschlagen hat. Sie hat ja auch im Traum die Türe zu der alten Frau geöffnet, sie hat es gewagt, eine Schwelle zu überschreiten. Sei es aus Verzweiflung, sei es aus Hoffnung, sei es aus dem Rest von Lebensmut, der ihr geblieben ist, sie folgt ihrem Traum. Und das ist mühsam, genau so, wie es im Traum angekündigt war, aber sie findet die Alte mit den weißen Haaren – auch wie angekündigt –, die ihr einen Stuhl anbietet, sie also dazu einlädt, zumindest einige Zeit bei ihr zu verweilen, und damit auch zu erkennen gibt, dass sie um die Mühsal weiß, die die junge Frau durchgemacht hat.

Die alte Frau nähert sich nun ihr ganz ähnlich, wie die Nixe sich dem Müller genähert hat: Sie spricht sie auf ihr

Unglück an und bringt sie dazu, zu erzählen, was ihr widerfahren ist. Immer wieder wird uns in den Märchen nahe gebracht, wie wichtig es ist, einem Menschen die Ursache, die Geschichte des Kummers erzählen zu können.

Die alte weise Frau könnte eine Frau sein, die die junge Frau aufgesucht hat, nachdem sie sich zunächst für sich allein durch das gröbste Gestrüpp von Emotionen und Gedanken gearbeitet hat, aber immer mit einer Hoffnung vor Augen, der Hoffnung auf eine bessere Situation, auf Hilfe. Die weise alte Frau kann auch als Instanz in ihrer Psyche gesehen werden, die dann erlebbar ist, wenn wir bewusst nicht mehr weiter wissen, wenn wir uns eigentlich schon aufgegeben haben. Wir erleben dann, dass eine andere Stimme in uns doch noch einen Vorschlag hat, eine Hoffnung wider besseres Wissen uns erfüllt, wir in Kontakt sind mit etwas Weisem in uns, das zwar aus uns spricht, uns aber auch übersteigt, das auch viel älter zu sein scheint, als wir selbst es sind. Ausdruck dieser seelischen Weisheit war bereits der Traum. Dass die junge Frau aber bereit ist, dem Traum gleich Folge zu leisten, heißt, dass sie mit dieser weisen Frau in sich zumindest etwas vertraut ist, dass sie ihr traut.

Die weise Frau[36]

Die alte Weise, die weise Frau, ist eine Gestalt, die recht oft in den Märchen auftritt. Nicht immer wird sie »weise Frau« oder »alte Weise« genannt. Sie kann als alte Frau auftreten, die der Heldin oder dem Helden begegnet, wenn er oder sie aufbricht, um die ihnen gestellte Aufgabe zu lösen.[37] Diese alten Frauen wollen höflich behandelt werden, wollen bei einem Mahl mithalten dürfen, sie wollen also auch genährt werden, und sie fragen so ganz nebenbei nach dem Woher und Wohin und geben auch Ratschläge, allenfalls auch einen magischen Gegenstand, der hilft, wenn die Situation brenzlig wird. Dann verschwinden sie wieder. Sie setzen den Helden oder die Heldin auf den Weg, sie stellen die wichtigsten Fragen zur Orientierung und konzentrieren damit auch den Helden oder die Heldin auf ihre Aufgabe, verbinden den gegenwärtigen Augenblick mit der Vergangenheit und der Frage, warum sie überhaupt eine Aufgabe zu lösen haben, und mit der Zukunft, dem, was ihrer warten könnte – und sie geben einen Rat, der immer nur in etwa befolgt werden muss. Der Held oder die Heldin muss selber so weise sein, dass er in diesen oft doch recht abgerissenen Gestalten am Wege alte weise Frauen oder auch alte weise Männer erkennen kann, denen zuzuhören sich lohnt.

Als Ratgeberin tritt die alte Weise auch dann auf, wenn ein Held oder eine Heldin sich mit einer dämonischen Gestalt auseinandersetzen muss, wie wir es etwa von dem Märchen »Der Teufel mit den drei goldenen Haaren« kennen.[38] Da zeigt sich des Teufels Großmutter ausgesprochen freundlich gegenüber dem Helden, und sie überlistet für ihn den Teufel. Dennoch meine ich, ist sie nicht einfach eine listige Großmutter, das ist sie auch; sie ist weise, denn sie weiß um die großen Zusammenhänge und versteht es, den Helden in seinen eigenen großen Lebenszusammenhang hineinzusetzen und ihm damit zu helfen, dass er sein Leben retten kann, ohne übrigens für sich etwas von ihm haben zu wollen. Auch sonst wird die alte weise Frau gelegentlich »Großmütterchen« genannt. Als Großmütterchen Immergrün[39] prüft sie die Kinder einer kranken Mutter, ob sie ein gutes Herz haben – und nur mit einem guten Herzen erhalten sie das Heilmittel, das ihre Mutter dringend braucht.

Relativ häufig tritt die alte Weise als Kräuterweib auf. Auch in diesen Märchen wird sie nicht etwa weise genannt, eher despektierlich z. B. als Bettlerin im norwegischen Märchen »Zottelhaube«.[40] Was sie aber dann vorschlägt, ist durchaus weise. Sie kennt sich mit den Wirkungen der Heilpflanzen aus, vor allem aber weiß sie, was notwendig ist, damit der König und die Königin, die so lange unfruchtbar waren, ein Kind bekommen. Das Kräuterweib ist in den Märchen vor allem an Fragen der Geburt interessiert, allenfalls auch noch an der Auferweckung von Toten.

Auch als Initiationsmeisterin tritt die alte weise Frau oft auf, etwa in »Frau Holle«, in »Die Gänsehirtin am Brunnen«[41], und in »Bei der schwarzen Frau«[42]. Die weise Frau initiiert das Mädchen in das Leben als Frau und hin zur Möglichkeit des Gebärens. Nicht selten zeigen diese weisen Frauen auch, dass sie durchaus auch eine »schwarze« Seite haben, eine unerlöste Seite, die sie recht ruchlos werden lässt.

In unserem Märchen wird die Frau alt und weise genannt, sie hilft der jungen Frau, ihre erotische Beziehung herzustellen oder wiederherzustellen, sie initiiert sie in das erotisch-sexuelle Leben. Wie alle weisen Frauen in den Märchen nimmt sie sich ihrer an, weil sie in Not ist, weil sie von den

Stürmen des Lebens heimgesucht wird. Wie es zu diesen alten weisen Frauen gehört, gibt sie einen Rat, schickt aber die junge Frau selber auf den Weg. Das ist vielleicht das Typische an all den weisen Frauen: Sie geben einen Rat, aber sie gehen nicht mit der Heldin. In unserem Märchen aber wartet sie offenbar verlässlich immer an derselben Stelle.

Grundsätzlich sind diese weisen Frauen mit Quellen, Pflanzen und Tieren verbunden, sie spinnen und hüten das Feuer, sie kochen, als Kräuterfrauen heilen sie und sind auch mit der Herstellung von Rauschgetränken – also letztlich mit Fragen von Inspiration – verbunden. Unschwer kann man in ihnen auch einen Aspekt der Großen Göttin sehen, die hier Ratschläge gibt, die eine Lebenssituation wieder fruchtbar machen. Wie die Nixe ist auch die alte Weise, die ja dann in der Folge soviel von der Nixe weiß, so dass anzunehmen ist, dass sie eben die altgewordene Form der Nixe verkörpert, nicht einfach eine Göttin. Sie ist eine der Gestalten, die durchaus in unseren Träumen vorkommen können, ohne dass wir den Eindruck haben, im Traum von einer Göttin besucht worden zu sein. Es sind Gestalten, auf die wir uns beziehen, die wir seelisch erfahren können, die uns in unseren Phantasien hilfreich begleiten, und dennoch steht die Große Göttin hinter ihnen.

Wenn die alte weise Frau in Träumen oder in Imaginationen auftaucht, dann fühlen sich die Frauen getröstet, neue Hoffnung ergreift sie, sie spüren, dass sie Kraft genug haben, um sich wieder auf den Weg zu machen. Vor allem aber erleben sie, dass ihr Leben wieder einen Zusammenhalt erkennen lässt, dass es einen Sinn hat. Sie erkennen auch, dass es in ihrer Seele Kräfte gibt – die, ist man auf sie ernsthaft bezogen – den Weg freigeben zu einem sinnhafteren Leben. Das Angebot kommt – in einer verzweiflungsvollen Lebenssituation, in der keine wirkliche Wahlmöglichkeit besteht, in der einfach zu tun ist, was getan werden muss – sozusagen von der weisen alten Frau. Die Erfahrung, dass wir in äußerst schwierigen Lebensumständen plötzlich noch über Kräfte, über Ideen verfügen, die wir nicht zu haben meinten, ist eine allgemein menschliche Erfahrung. Dazu gehört aber, dass der betreffende Mensch sich darauf einlässt. Hier in unserem Märchen öffnet die junge Frau die Türe zu der alten Frau, sie tritt ein, lässt sich auf das ein, was die alte Frau zu sagen hat, sie tritt in den Lebensraum, der von dieser alten weisen Frau bestimmt ist.

Die weise alte Frau in der Krise einer modernen Frau

Eine 38jährige Frau hat ihren Partner verloren, mit dem sie die letzten achtzehn Jahre ihres Lebens verbracht hatte. Der Tod ihres Partners bei einem Autounfall stürzte sie in tiefe Trauer. Eigentlich wäre sie ihm gerne nachgestorben, aber da waren ihre gemeinsamen Kinder, für die sie sich absolut verantwortlich fühlte. So verlangte sie von sich, dass sie weiterlebte, fühlte sich aber »wie gefroren«. Sie war überzeugt davon, nie mehr das Leben genießen zu können.

Erschwerend kam dazu, dass sie ihren Vater ebenfalls bei einem Autounfall verloren hatte, als sie acht Jahre alt war. Sie war sich wenig bewusst, was der Tod ihres Vaters damals für sie bedeutet hatte, wusste aber, dass sie ihn sehr geliebt hatte und ihn sehr lange vermisste. Der aktuelle Verlust schien sie nun in eine doppelte Trauer zu stürzen: Zusammen mit den Erinnerungen an ihren Partner kamen auch viele Erinnerungen an ihren Vater zurück, sie kam sich doppelt beraubt vor. Weil die Frau den Eindruck hatte, in ihrem Lebensüberdruss ihren Kindern zu schaden, beschloss sie, therapeutische Hilfe zu suchen.

Drei Monate nach Beginn der Therapie hatte sie einen Traum, der sie tief bewegte:

»Ich bin an einem unzugänglichen, felsigen Platz. Plötzlich sehe ich meinen Partner aus einem Weiher auftauchen, ich sehe seine flehenden Augen. Dann verschwindet er wieder im Wasser, er lässt mich allein. Ich wache tränenüberströmt auf.«

Als erste Reaktion auf den Traum erzählte die Träumerin, wie sehr sie sich geärgert habe über den Traum: Der Traum sage ihr nur, was sie ohnehin wisse, dass nämlich ihr Mann aus ihrem Leben verschwunden sei – und zudem habe er sie erneut in große Verzweiflung gestürzt. Und doch, obwohl sie jetzt wieder trauriger sei als zuvor, habe sie sich doch gefreut, ihren Partner zu sehen. »Es war, wie wenn er für einen Moment ins Leben zurückgekommen wäre, für einen Moment war alles wie vorher.«

Sie sprach dann längere Zeit über die bittenden, flehenden Augen ihres Partners. Weil die Träumerin es genoss, ihren Mann wieder gesehen zu haben, und weil diese bittenden Augen so sehr im Zentrum waren, hatte ich den Eindruck, dass von diesem Traum ein Impuls ausging, etwas zu sehen, was die trauernde Frau oder was wir beide noch nicht gesehen hatten. Ich entschloss mich, mit der Methode der Imagination[43] an dem Traum zu arbeiten. Die Träumerin hatte schon zuvor gelegentlich mit dieser Methode gearbeitet, sie war auf eine natürliche Weise begabt, ihre Phantasien sowohl wahrzunehmen als sie auch sich verändern zu lassen. Nach einigen Entspannungsübungen bat ich sie, ihren Traum noch einmal sehr genau vor ihrem inneren Auge erstehen zu lassen, ihn mir genau zu beschreiben und mir auch mitzuteilen, welche Gefühle mit den entsprechenden Bildern verbunden seien.

Ihre Imagination:

»Ich bin in dieser abgesperrten, unzugänglichen Landschaft. Es ist grau und neblig. Überall sind Felsen und Gebüsch. Ich fühle mich sehr allein und verletzbar in dieser rauen Umgebung. Ich sehe keinen Weg, der von diesem Ort wegführen würde, es gibt keine Öffnung, es ist, als wäre ich eingeschlossen. Die einzige Möglichkeit wäre, auszufliegen. Aber wie würde ein Flugzeug den Weg zu diesem Platz finden?«

Ich bat sie, sich noch einmal auf den Weiher zu konzentrieren.

»Ich bin nicht sicher, ob es ein Weiher ist oder nur ein Loch in der Erde – ein Bombenkrater vielleicht. Mein Partner taucht wieder auf – Wasser ist es also auf jeden Fall. Eigentlich ist es erstaunlich, dass es in dieser Gegend überhaupt Wasser gibt – es gibt also doch eine Öffnung – eine Öffnung in die Tiefe.«

Als sie das gesagt hatte, seufzte sie auf und entspannte sich sichtbar. Sie schien sich deutlich besser zu fühlen, nachdem ihr klar geworden war, dass es irgendeinen Ausweg aus ihrer gegenwärtigen psychischen Situation gab, sogar dann, wenn der Weg einer »nach unten« war. Offenbar sah sie nicht den offenen Himmel. Nach einer Zeit, in der sie still vor sich hinweinte, wandte sie sich wieder ihren inneren Bildern zu. Sie sagte:

»Ich sehe jetzt, wie mein Partner aus dem Wasser aufsteigt. Sein Gesicht ist sehr verzweifelt, und er schaut mich wieder mit diesen flehenden Augen an. Ich kann seine Augen sehr deutlich sehen, und ich habe das Gefühl, als hätte ich wirklich Kontakt mit ihm. Es ist fast wie ein ganz reales Treffen. (Ihr Atem beschleunigt sich sichtbar). *Er möchte, dass ich ihm verzeihe, dass er gestorben ist. Oder sollte ich ihm überhaupt vergeben? Aber vergeben wofür?«*

Dann überschwemmte sie der Ärger auf ihren Mann, den sie bisher nicht auszudrücken gewagt hatte, Ärger, dass ihr Mann sie verlassen hatte, ausgerechnet jetzt, da sie ihn dringend brauchte, Ärger auch auf ihren Vater. Sie drückte diese Emotionen aus – und als sie sich in der Folge etwas beruhigt hatte, entschloss sie sich, ihrem Partner noch einmal in die Augen zu schauen.

»Er schaut mich immer noch an, nicht vorwurfsvoll, aber so, als wolle er etwas von mir. Ich glaube, ich kann ihm vergeben – zumindest für heute. Ich habe ein gutes Gefühl, es hat gut getan, den Ärger zu erleben und auszudrücken. Ich glaube, dieser Ärger hat gar nicht viel mit ihm zu tun. Aber

wenn ich ihn ansehe, wird sein Gesicht friedlicher, vielleicht kann ich ihn jetzt besser gehen lassen.«

Dann fügte sie – deutlich überrascht – hinzu:

»Nun sehe ich mich selbst an diesem Weiher. Mein Partner ist nicht mehr zu sehen. Ich bin traurig und verwirrt. Er fehlt mir. Warum ist er nicht mehr da? Ich rufe ihn. Ich will ihn zurück. Aber der Tod hat kein Gehör! Zumindest will ich ihn zurück in meiner Vorstellung, in meiner Phantasie, wie gerade eben. Aber es geht nicht mehr. Das ist ja verrückt, es geht einfach nicht mehr. Ich bin unheimlich enttäuscht, jetzt bin ich tief traurig – ich will nur noch schlafen. Ich bin so sehr erschöpft!«

In dieser Situation saß die Frau zusammengekrümmt in ihrem Stuhl, sie wirkte sehr erschöpft, wiederholte aber – wie um zu memorieren – mit leiser Stimme die für sie wichtigen Erfahrungen in dieser Imagination. Es gab einen Weg aus der Schwierigkeit. Etwas öffnete sich, als sie ihren Ärger zuließ und ausdrückte. Die Erfahrung, ihn nicht einmal mehr in der Imagination zurückrufen zu können, erfüllte sie mit größter Verzweiflung. Dann sagte sie, gleichsam in einem Selbstgespräch: »Ich kann und will nicht den Rest meines Lebens meinem toten Partner in die Augen sehen.«

Der Traum signalisierte den Übergang von der Trauerphase, die ich die Phase der aufbrechenden, chaotischen Emotionen nenne, zu der dritten Trauerphase, der des Suchens, Findens und Sichtrennens, der Phase der eigentlichen Trauerarbeit. Um in diese Phase zu gelangen, ist es wichtig, dass die mit dem Verlust verbundene Wut ausgedrückt wird. Bis zu diesem Zeitpunkt hatte die Analysandin keine Wut geäußert. Auch musste es ihr bewusst werden, dass sie ganz und gar auf ihren verstorbenen Partner fixiert war, nur mit ihm sich beschäftigte. Dieser Traum war der Beginn der Auseinandersetzung mit der durch den Tod beendeten Beziehung. Diese Auseinandersetzung beginnt gewöhnlich damit, dass die Trauernden sagen, sie könnten an nichts anderes denken als an den Verstorbenen oder die Verstorbene. Sie wollen dann, dass man endlich eine Intervention macht, die diesen Zustand beenden soll. Dies brächte aber keine Lösung, der/die Trauernde muss an den Verstorbenen oder an die Verstorbene denken, Phantasien über das gemeinsame Leben hochkommen lassen, erst dann kann man sich lösen. Meine Analysandin versuchte aktiv, ihren Partner zu vergessen, damit sie wieder an andere Dinge denken konnte. Je mehr sie versuchte, ihn zu vergessen, um so mehr besetzte er unbewusst ihre Gedanken. Dadurch wirkte sie wie versteinert, sehr eingeengt, und der Traum und die Imagination zeigten deutlich, dass der einzige Weg aus dieser eingeengten Situation heraus der der Konfrontation mit ihrem Partner war. Am Ende der therapeutischen Sitzung sah meine Analysandin erschöpft und mutlos aus. Ich ließ die Bilder, die sie beschrieben hatte, noch einmal an mir vorbeiziehen. Plötzlich erinnerte ich mich an das Märchen »Die Nixe im Teich«. Mir schien, als könnte dieses Märchen etwas zum Verständnis von Traum und Imagination beitragen oder diese zumindest in einen größeren Sinnzusammenhang einbetten.

Ich erzählte ihr von diesem Märchen, erzählte ihr aber nur den Teil, der ihrem Traum und ihrer Imagination glich. Ich erzählte, wie die verzweifelte Frau um den Weiher rannte, die Nixe beschimpfte und wie sie dann total verzweifelt und erschöpft in Schlaf fiel. Ich erzählte vom Traum, vom Aufstieg zur alten Frau und von den Geschenken der alten Frau, die die Nixe offenbar dazu brachten, den Jäger schrittweise freizugeben. Ich sprach davon, wie er jeweils aus dem Wasser aufstieg – und wieder versank. Therapeutisch gesehen ist das Einbringen von Bildern aus einem Märchen eine Form der Gegenübertragung[44], es sind Bilder, die in der Therapeutin aufsteigen, die aus der Beziehung der Analytikerin zum Unbewussten der Analysandin, eventuell auch aus der Beziehung des Unbewussten beider[45] stammen. Diese Form der Gegenübertragung ist ein schöpferischer Impuls, und er ermöglicht, das persönliche Material mit vergleichbaren Symbolen, die für viele Menschen eine Aussagekraft haben, anzureichern und sie dadurch in einen größeren Zusammenhang zu stellen. Wenn diese Amplifikation für meine Analysandin zum richtigen Zeitpunkt erfolgte, wenn sie also Gebrauch davon machen konnte, dann stellte das Märchen ihre Bilder in einen Entwicklungsprozess hinein, sagte ihr also, welche Wege möglicherweise zu einer Lösung der Situation führen könnten. Denn das ist der Vorteil der Märchen: Sie stellen Symbole und symbolische Konfigurationen, wie wir sie aus Träumen und Imaginationen kennen, in einen seelischen Prozess hinein, sie geben implizit Hoffnung, dass das im Traum angesprochene Problem gelöst werden kann. Sie geben Lösungsvorschläge, die aber nicht wörtlich übernommen werden müssen, denn wesentlich sind nicht die Vorschläge als solche, sondern die Überzeugung, dass eine Lösung überhaupt möglich ist. Die Hoffnung, die dadurch ausgelöst wird, ist von einem Energieschub begleitet. Der Traum, die Phantasie wird also angereichert durch Phantasien, die die Menschen schon immer einmal bewegt haben und die deshalb auch in Geschichten immer wieder erzählt werden.

Meine Analysandin hörte mir sehr aufmerksam zu, als ich ihr den vorne beschriebenen Teil des Märchens erzählte. Dann bat sie mich, ihr die ganze Geschichte zu erzählen. Ich gab ihr eine kurze Zusammenfassung, sagte ihr aber auch, dass ich nicht den Eindruck hätte, dass das Märchen als Ganzes auf ihre Situation zu übertragen sei, dass mich aber die Ähnlichkeit der »Weiherbilder« erstaunt hätte. Ich erwähnte dann noch einmal ausführlicher die Bilder der Verzweiflung und die Bilder der Hoffnung im Märchen.

In der nachfolgenden Stunde entschloss sie sich, die Bilder des Märchens »nachzuimaginieren«. Sie wollte herausfinden, ob diese Bilder in ihrer Vorstellungskraft nachvollziehbar waren. Sie waren es. In einer ersten Phase fühlte sie sich der Frau des Jägers sehr nahe, sie sah die Bilder des Märchens aus ihrer Sicht. Mit ihr war sie verzweifelt, mit ihr schöpfte sie neue Hoffnung.

»Ich erlebe diese Bilder, wie wenn es meine Bilder wären, das macht mich froh. Mir wird plötzlich klar, dass ich auch einen starken Wunsch habe zu überleben. In meiner Imagination habe ich festgestellt, mit welchen Kräften ich gegen die Widrigkeiten kämpfe, gegen Gestrüpp, gegen Steine, gegen den Regen. Ich habe richtig meine Vitalität wiederum gespürt. Vielleicht kann ich mich zu Hause auf diese Bilder besinnen, wenn ich wieder in meine schreckliche Apathie verfalle.«

In einer zweiten Phase der Imagination habe ich auf Bitten der Analysandin den Märchentext noch einmal gelesen, vom Beginn des Auftretens der Frau des Jägers bis hin zur Stelle: »Du musst ein Unglück erlebt haben, weil du meine einsame Hütte aufsuchst.« Ich schwieg dann, und die Analysandin erzählte nach einer kurzen Pause das Märchen weiter. Es war aber nicht mehr das Märchen, wie es aufgezeichnet ist, es war viel eher ihre eigene Geschichte. Sie beschrieb höchst lebhaft, in der Projektion auf die Frau des Jägers, das Erlebnis der Einsamkeit, der Verzweiflung, das ungestillte Bedürfnis nach erotischen und sexuellen Begegnungen. Unerwartet erzählte sie der alten Frau Geschichten aus dem gemeinsamen Leben mit ihrem Partner, das so abrupt abgebrochen wurde, von gemeinsamen Freuden, von Ärgernissen und Kummer und von ihren Ängsten. Im Gespräch mit der alten weisen Frau, die sie als uralt sah, weißhaarig, und die in ihrer Imagination nach getrockneten Tannenzapfen roch, wie sie es von ihrer Urgroßmutter her erinnerte, die sie als kleines Mädchen noch erlebt hatte, erledigte sie einen großen Teil ihrer Trauerarbeit. Sie kämpfte um die Bedeutung der Beziehung zu ihrem Partner, versuchte herauszufinden, was er in ihr geweckt, in ihr belebt hatte und was sie nun aus diesem gemeinsamen Leben heraus in ihr eigenes Leben mit hineintragen konnte.

Dieses Gespräch mit der alten Frau entlastete die Analysandin und gab ihr die Überzeugung, dass sie nicht mehr weiter in dieser grauen, abgeschlossenen, steinigen Gegend weiterleben musste, was sie sehr leicht als Bild für ihre Lebenssituation und der damit verbundenen Stimmung verstehen konnte. Diesem »Gespräch« folgten weitere: In der Imagination suchte sie immer wieder die Hütte der alten Frau auf, der Aufstieg wurde jedes Mal etwas leichter – an gewissen Tagen, wenn es ihr weniger gut ging, auch wieder schwerer – und dann sprach sie mit der alten Frau, wobei die Analysandin sprach und die alte Frau zuhörte, und ich als Therapeutin hatte die Aufgabe, beiden zuzuhören. Mich brauchte die Analysandin, um ihr nach den Imaginationen, wenn sie jeweils für sich noch einmal die wichtigsten Punkte vergegenwärtigte, zu bestätigen, was sie gesagt hatte, besonders dann, wenn ihr »unerhörte« Dinge entschlüpft waren.

Die imaginative Arbeit mit dem Märchen beeinflusste ihre Stimmung, sie wurde etwas weniger gedrückt, sie wurde auch wieder aktiver, sie beeinflusste aber auch ihre Träume. Als Beispiel füge ich den folgenden Traum an:

»Ich wasche meinen Körper und löse dabei von meiner Haut ein Material, das sich wie getrockneter Lehm anfühlt. Ich kann ganze Fladen (große Stücke) wegnehmen, und bei jedem Stück fühle ich mich noch mehr befreit. Es ist wie ein großes Aufatmen.«

Das Motiv der Befreiung spricht in diesem Traum für sich selbst. Im Gespräch mit der alten Frau sprach sie davon, wie herrlich dieses Gefühl sei, es sei, als wäre sie aus ihrer alten Haut herausgeschlüpft. Man kann diese Häutung auch dahingehend verstehen, dass die Frau – durch die Trauer regrediert, von einer Lehmhaut umgeben wie von einer archetypischen Plazenta – jetzt, durch die Trauerarbeit neu geboren wird.

Die Analysandin erkannte vor allem einen Aspekt dieses Märchens und machte ihn auch zu ihrer eigenen Wahrheit: Eine Frau, die einen Verlust erlitten hat, muss alle ihre Kräfte aufbieten, um mit der alten weisen Frau in ihrer eigenen Psyche in Verbindung zu kommen, um im Kontakt mit ihr Sicherheit und ein Gefühl der Geborgenheit zu gewinnen. Das gelang ihr, weil sie die Traummotive in ein bekanntes Märchen hineinstellen konnte. Damit aber wurde der Analysandin auch deutlich, dass Verlust, dass Tod ein ewiges Problem ist, auf das die Menschen schon immer Antworten gesucht haben, denn sie mussten schon immer versuchen, mit Verlusten zurechtzukommen, trotz des Todes weiterzuleben. Die Bilder des Märchens belebten hilfreiche Bilder in der Psyche der Frau, sie konnte sich an den kollektiven Bildern und den kollektiven Bildprozessen orientieren und Mut schöpfen.[46]

Der Rat der weisen Frau im Märchen

Sie schenkt der jungen Frau einen goldenen Kamm, damit soll sie sich bei Vollmond am Rande des Weihers kämmen. Wenn sie fertig ist, soll sie den Kamm am Rande des Weihers niederlegen – und sie sagt ihr wiederholt: »Und du wirst sehen, was geschieht.«

Langes Haar hat auch die Nixe. Und von den Nixen sagt man, dass sie unter anderem ihr Haar kämmen und damit auch die Männer anlocken. Das Kämmen der langen Haare ist eine Form der erotischen Selbstdarstellung. Es zeigt aber auch, dass sie ein stolzes Bewusstsein davon haben, über eine erotische Kraft zur Verführung zu verfügen, dass sie fähig sind, Leidenschaft und Begehren zu wecken.[47]

Die junge Frau soll also tun, was an sich die Nixen tun, sie soll sich ein wenig bewusster der Nixe angleichen – sich kämmen mit einem goldenen Kamm.

Ganz nebenbei wird auch deutlich, dass die alte Frau noch einen Nixenkamm in ihrem Besitz hat – und da er golden ist, wird er auch unzerstörbar sein. Ein Hinweis darauf, dass die alte Frau auch einmal die Nixe war! Was macht das aber für einen Sinn, dass die junge Frau ein wenig wie die Nixe wird?

Gehen wir bei der Interpretation dieses Märchens von paardynamischen Gesichtspunkten aus, dann ist anzunehmen, dass beide, der Jäger und die junge Frau, unter einem Nixenproblem leiden. Das könnte so aussehen, dass die junge Frau zwar durchaus auch etwas von einer verführerischen Nixe hätte, dass sie diese Seiten aber gründlich verdrängt, sie gerade ganz und gar nicht lebt – denn davor hätte ihr Mann ja Angst – und daher vermutlich versucht, eine wahre Antinixe zu sein. Das ließe den Mann sich bei ihr zwar sicher fühlen – sie würde ihn nie zu Gefühlsstürmen hinreißen, bei denen er nicht mehr weiß, wer er ist – aber die Erfüllung der Sehnsucht muss dann anderweitig gesucht werden. Wenn die Frau so viel Nixenhaftes hat, das sie verdrängt, und wenn es zudem ein kollektives Problem ist, dass die Nixe, also letztlich die große Göttin, zu wenig mitleben darf, dann ist jede Frau von diesem Nixenproblem mitbetroffen, dann geht es grundsätzlich darum, dass dieses Verdrängte zurückgeholt wird ins Leben. Zumindest ist das der Rat der alten weisen Frau. Dieses Kämmen soll zur Zeit des Vollmondes stattfinden. Bedenken wir, dass sie ihren Mann zur Zeit des halben Mondes verloren hat. Der Vollmond wäre die Zeit der weiblichen Fülle, wäre die Zeit, wo auch in der Frau etwas zur Vollendung kommt, eine Zeit, in der sie wohl auch besonders verführerisch sein könnte. Damit wäre auch eine momentane Reifung zum vollen Frausein angedeutet.

Als endlich Vollmond ist, tut die junge Frau, wie ihr die Alte geraten hat. Als sie den Kamm niederlegt, holt eine Welle ihn weg und – sozusagen im Tausch gegen den Kamm – teilt sich der Wasserspiegel, und der Kopf des Jägers wird sichtbar. Es ist eine eigentümliche Situation: Er spricht nicht, schaut seine Frau mit traurigen Blicken an – und sie steht am Ufer, kann ihn zwar sehen, aber nicht erreichen oder berühren. Das dauert nur einen Moment, dann holt eine zweite Welle das Bild weg, und statt dessen liegt der Weiher wieder ruhig da: »Das Gesicht des Vollmondes glänzte darauf.« Die Schönheit dieses Bildes steht in einem seltsamen Kontrast zur verzweiflungsvollen Situation des Sich-Sehnens, sich aber doch nicht Erreichen-Könnens und der daraus folgenden Trauer in der Frau und im Jäger.

Was hier geschildert wird, ist ein durchaus stimmiger Ausdruck der dritten Phase der Trauerarbeit im eigentlichen

Sinne. In dieser Phase wird versucht, durch Erinnern, durch Rücknahme der Projektionen, der Delegationen, durch Bewusstmachen der tieferen Schichten in der Seele, die durch die Beziehung belebt wurden, und die in uns weiterwirken, die man nicht verloren geben muss, wenn man den geliebten Menschen verloren hat, den verlorenen Menschen so lebendig wie möglich in der eigenen Psyche wiederauferstehen zu lassen. Und gleichzeitig – und das ist so extrem schwierig – versucht man, diesen Menschen auch gehen zu lassen, denn er ist ja gestorben.

Manche Menschen mögen diese Arbeit – und eine Arbeit ist es durchaus – nicht verrichten, weil sie sich sagen: Was soll ich meinen geliebten Menschen in der Phantasie auferstehen lassen, wenn ich ihn dann doch wieder loslassen soll? Sie setzen auf gründliches Vergessen, ohne zu erinnern. Das bewirkt aber, dass keine wirkliche Ablösung stattfindet. Die schwierige Gefühlskombination, die mit dieser Trauerarbeit verbunden ist, zeigt das Märchen sehr deutlich: Hoffnung auf Begegnung, vielleicht sogar Faszination, das Gefühl, es könnte alles wieder werden wie zuvor, und die gleich anschließende abgrundtiefe Enttäuschung, der Umschlag von der Hoffnung zur Hoffnungslosigkeit, das erneute Erlebnis des Verlustes. Nun haben wir es hier mit einer speziellen Form der Trauer zu tun – wir wissen, dass letztendlich die junge Frau ihren Mann zurückgewinnen wird. Es geht also um eine Trauersituation, in der eine Trennung stattgefunden hat, die auch wieder rückgängig zu machen ist. Das wird auch daran deutlich, dass die Frau in dieser Trauerphase nicht nur die Gefühle der Trauer aushält, sondern sich dabei auch in Richtung der Nixe entwickelt. Die meisten Menschen entwickeln sich in einem Trauerprozess; geht es aber um einen Trauerprozess, der mit einer Entfremdung von Sich-Liebenden zu tun hat, dann werden die psychischen Entwicklungsnotwendigkeiten, die das Grundproblem der Beziehung darstellten und die letztlich zur Entfremdung geführt haben, von der Partnerin oder dem Partner bearbeitet, die oder der weniger unter dem Problem leidet.[48]

Dass die Frau ihren Mann zurückerhalten wird, das wissen nur wir, und das weiß die alte weise Frau, sonst hätte sie ihr andere Ratschläge geben müssen. Für die junge Frau in ihrem Trauerprozess sieht es aus, als wäre alle Anstrengung vergeblich.

Wie es im Mann aussieht, das wissen wir noch viel weniger, ein Zeichen dafür, dass er im Wesentlichen nur noch der Annäherung über die Phantasie zugänglich ist. In der Situation des Kämmens sagt das Märchen von ihm: »Er sprach nicht, schaute aber seine Frau mit traurigen Blicken an« – und beim zweiten Mal – das sei hier vorweggenommen –: »Er breitete voll Verlangen seine Arme nach ihr aus, aber eine Welle rauschte heran, bedeckte ihn und zog ihn wieder hinab.« Er ist der sprachlichen Verbindung nicht mehr mächtig. Sein Ausdruck zeigt, dass auch er sehnsüchtig ist, dass auch er die Verbindung wieder haben möchte – über seine Enttäuschung wissen wir nichts. Sie müsste abgrundtief sein.

Trostlos nennt das Märchen die junge Frau. Trost gewinnt sie durch ihren Traum, der ihr wiederum die Hütte der Alten zeigt. Und am nächsten Tag steigt sie erneut zu ihr auf. Dieses Mal bekommt sie eine goldene Flöte geschenkt, die sie bei Vollmond spielen soll.

Die Musik, der Gesang vor allem, gehört zum Bereich der Nixen. Mit sanften, klagenden Tönen öffnen sie die Sehnsucht nach Gefühlen, nach emotionalen Räumen, die über das Bekannte hinausweisen, sie zeigen damit ihre eigene Sehnsucht, drücken ihre Gefühle aus, sie wecken aber auch die Sehnsucht nach diesen Gefühlen in denen, die ihnen zuhören. In den Flötentönen schwingt vergleichbar zum Gesang der Nixen etwas Jenseitiges mit, sie wecken die Sehnsucht nach einer Verbindung des Diesseitigen zu etwas Jenseitigem, Ewigen. Wenn die junge Frau ihr Lied spielt, dann zeigt sie in diesem Spiel auch ihre ureigenste Melodie, die Tonfolge, die ihr seelisches Sosein ausmacht, ihre tiefste, feinste Emotionalität, die wohl mit Sehnsucht, Liebe, Trauer und der ihr möglichen Entgrenzung zum Jenseitigen hin zu tun hat, und die es wohl auch ist, mit der sie auf die Liebe eines anderen Menschen antworten kann. Indem die Frau ihr Lied spielt, verführt sie den Jäger sozusagen zurück aus dem Reich der Nixe. Sie kultiviert auch ihren Gefühlsausdruck, gleicht sich auch damit der Nixe an, drückt aber diese Gefühle mit einer Flöte aus, die auch schon etwas von Menschen Gebautes ist. Der Jäger wird denn auch sichtbar bis zur Mitte des Leibes. War bei der ersten Verführung nur der Kopf zu sehen und die Augen das Ausdrucksstarke daran, so dass man schließen könnte, dass er auf eine neue Art fähig wird, die Frau zu sehen, dann könnte man jetzt sich vorstellen, dass der Jäger nicht nur die Frau sieht, sondern dass auch der Bereich des Herzens mitbeteiligt ist und er jetzt auch auf einer mehr herzlicheren Gefühlsebene antworten kann als zuvor. Dies als Antwort darauf, dass auch sie ihn auf einer sehr herzlichen, gefühlvollen Ebene anspricht. Aber auch jetzt sieht sie nur einen Teil ihres Mannes, auch jetzt bleibt er Gefangener der Nixe – aber er ist für sie schon sehr viel erkennbarer geworden.

Das ist aber nicht das, was sie will, sie möchte ja mit ihm zusammenkommen, ihn wiederum ganz haben. Die Erfahrung, ihn zu sehen und gleich wieder zu verlieren, erfüllt sie mit Gram. Sie reagiert vergleichbar den Menschen, die während ihrer Trauerarbeit den Menschen, den sie verloren haben, immer mehr »sehen«, ihn in ihrer Phantasie in die Gegenwart holen können und doch wissen, dass sie ihn loslassen müssen.

Auseinandersetzung mit der Nixe

»Ach, was hilft es mir«, sagte die Unglückliche, »dass ich meinen Liebsten nur erblicke, um ihn wieder zu verlieren.« Der Gram erfüllte aufs Neue ihr Herz, aber der Traum führte sie zum drittenmal in das Haus der Alten. Sie machte, sich auf den Weg, und die weise Frau gab ihr ein goldenes Spinnrad, tröstete sie und sprach: »Es ist noch nicht alles vollbracht, harre, bis der Vollmond kommt, dann nimm das Spinnrad, setze dich ans Ufer und spinn die Spule voll und wenn du fertig bist, so stelle das Spinnrad nahe an das Wasser, und du wirst sehen, was geschieht.« Die Frau befolgte alles genau. Sobald der Vollmond sich zeigte, trug sie das goldene Spinnrad an das Ufer und spann emsig, bis der Flachs zu Ende und die Spule mit dem Faden ganz angefüllt war. Kaum aber stand das Rad am Ufer, so brauste es noch heftiger als sonst in der Tiefe des Wassers, eine mächtige Welle eilte herbei und trug das Rad mit sich fort. Alsbald stieg mit einem Wasserstrahl der Kopf und der ganze Leib des Mannes in die Höhe. Schnell sprang er ans Ufer, fasste seine Frau an der Hand und entfloh. Aber kaum hatten sie sich eine kleine Strecke entfernt, so erhob sich mit entsetzlichem Brausen der ganze Weiher und strömte mit reißender Gewalt in das weite Feld hinein. Schon sahen die Fliehenden ihren Tod vor Augen; da rief die Frau in ihrer Angst die Hilfe der Alten an, und in dem Augenblick waren sie verwandelt, sie in eine Kröte, er in einen Frosch. Die Flut, die sie erreicht hatte, konnte sie nicht töten, aber sie riss sie beide voneinander und führte sie weit weg.

Und aufs Neue zeigt ein Traum die alte weise Frau, die wieder Rat weiß. Wenn die Verzweiflung überhand nimmt, dann tritt sie auf, das heißt, die junge Frau ahnt wohl, welche Entwicklung sie nun weiter anstreben muss, um wieder mit ihrem Mann zusammenkommen zu können. Beim nächsten Vollmond soll sie sich mit einem goldenen Spinnrad an den Weiher begeben und eine ganze Spule voll spinnen.

Athena erfand das Spinnen, das Weben, das Töpfern, aber auch die Flöte, die Trompete, den Pferdewagen – und alle Künste.[49] Das Geschäft des Spinnens wird denn auch von mehreren der großen Göttinnen betrieben. Unter anderen heißt eine der griechischen Schicksalsgöttinnen Klotho, die Spinnerin. Sie spinnt den Lebensfaden. Das Spinnen ist eine sehr gleichmäßige Tätigkeit, die Spindel dreht und dreht sich, insofern erinnert es auch an die ewige Wiederkehr des gleichen. Bringt man das Spinnen mit dem Spinnen des Schicksalsfadens in Verbindung, dann meint die Alte wohl, dass die junge Frau versuchen muss, in ihrem Schicksal einen Sinn zu sehen, auch mit dem Problem der Nixe und dem daraus folgenden Verlust, den sie erlitten hat.

Das Spinnen gehört nicht zu den Tätigkeiten, die normalerweise den Nixen zugeschrieben werden. Bei ihnen geht es eher chaotisch zu. Nehmen wir aber ernst, dass die Nixen letztlich zur Artemis gehören, dann würde die junge Frau auch in dem Akt des Spinnens versuchen, sich einem Aspekt der Nixe anzugleichen und möglicherweise die Nixe daran erinnern, wer sie letztlich ist – nämlich auch eine der großen Spinnerinnen. Aber es ist ohnehin sehr wahrscheinlich, dass die Menschen aus Angst vor der Nixe ihr einige ihrer Fähigkeiten abgesprochen haben.

Spinnen würde aber heißen, aus dem Chaos Ordnung zu machen, einen Faden herzustellen, dem man dann auch folgen kann. Und das könnte durchaus der Sinn einer Erfahrung mit der Nixe sein: Sie bringt auch emotional ein Durcheinander ins Leben, das dann aber zu einer neuen Ordnung führt und sich dem Lebensfaden sinnvoll einfügt, vorausgesetzt, es gelingt, den Faden so lange zu spinnen, bis die Spule voll ist. Das macht die Frau des Jägers und betont damit ihre große Entschlossenheit zur Kontinuität. Das Spinnen könnte also den Sinn haben, die Gewissheit einer möglichen Ordnung in die Welt der Nixe, in diese Welt der erotisch-sexuellen Faszination hineinzubringen, bleibt man nur kontinuierlich am Erleben dran.

Alle regelmäßigen Tätigkeiten wie das Spinnen versetzen in einen psychischen Zustand des Träumens und des Phantasierens. Wenn die Frau bei Vollmond am Wasser spinnt, dann macht sie sich vielleicht Phantasien über das mögliche gemeinsame neue Leben mit ihrem Mann. Sie malt sich vielleicht aus, wie dieses in Zukunft aussehen könnte, denn sie ist ja auch verändert, hat sie doch sowohl Kontakt mit den nixenhaften Seiten in sich als auch mit der alten weisen Frau gewonnen. Wenn die Frau diese Phantasien hat, dann traut sie dem Manne zu, sich aus der Faszination durch die Nixe befreien zu können, und sich selber, mehr auch ihre nixenhaften Seiten zu leben. Diese Phantasien verändern die Phantasierende, indem sie hoffnungsvoller wird, sie verändern den Partner, hier, indem ihm zugetraut wird, sich aus dieser problematischen Umklammerung wieder zu befreien, und dadurch verändern sie die ganze Lebenssituation: Der Jäger kann aus dem Weiher herauskommen.

»Es braust noch heftiger als sonst in der Tiefe des Wassers«, sagt das Märchen, als die Frau das goldene Spinnrad an das Ufer stellte – eine mächtige seelische Dynamik setzt ein, es ist ein Aufruhr der Elemente. Vergleichbar mit einem großen emotionellen Aufruhr, mit einer ungeheuren Dynamik wird der Mann herausgeschleudert. Zunächst sieht es aus, als würde es gut gehen: Aber der Weiher »erhebt sich mit entsetzlichem Brausen«, es sieht aus, als wäre die Dynamik, die der Gestalt der Nixe eignet, nun in der Dynamik des

Wassers ausgedrückt. Da ist eine reißende Gewalt, da ist ein entsetzliches Brausen. Die Tatsache, dass die beiden fliehen müssen, zeigt, dass das Problem mit der Nixe noch nicht ausgestanden ist. Sie müssen vor ihr und ihrer Rache fliehen. Die erste Begegnung nach dieser großen Krise steht also noch deutlich in ihrem Schatten: Die beiden werden »weggerissen« von einer ungeheuren Dynamik, wahrscheinlich von einer sexuellen Leidenschaft. In dem Moment, als sie sich wieder anfassen können, kommt der Nixenbereich mit Gewalt über sie.

Beide verfallen einer Regression, vermutlich in dem Moment, in dem sie sich auch sexuell wieder begegnen können. Dass die Frau eine Verbindung zur weisen alten Frau geknüpft hat, zeigt sich darin, dass sie sie in dieser lebensbedrohenden Situation rufen kann. Es müssen nicht mehr lange Wege zu ihr hin zurückgelegt werden – sie ist verinnerlicht und kann dennoch auch im Sinne einer helfenden Gestalt von außen verstanden werden. Die Hilfe in dieser Regression kann nur in einer Verwandlung bestehen, die der Situation angepasst ist: Als Kröte und Frosch kann man eine Überschwemmung überleben, und als dann das Wasser zurückgeht, gewinnen die beiden auch ihre menschliche Gestalt wieder zurück – sind allerdings getrennt.

Kröte und Frosch sind Tiere, die sich sowohl im Wasser als auch auf dem Lande aufhalten können, es sind Wesen, die einen Übergang symbolisieren. Wegen ihrer deutlich sichtbaren Reifungsstufen – von der Kaulquappe zur Kröte oder zum Frosch –, gelten sie als Symbol einer Wandlung, die mehrere Schritte beinhaltet. Die Kröte steht mit dem Mond und dem Prinzip der Fruchtbarkeit in Verbindung. Der Frosch gilt ebenfalls als mondhaftes Tier. Im negativen Sinne symbolisiert er ein Verhaftetsein an die Materie, im positiven Sinne eine enge Verbundenheit mit der Fruchtbarkeit der Erde. Beide Tiere deuten auf Wandlung und auf Fruchtbarkeit hin – sie werden mit dem Uterus verbunden, der

Frosch kann auch als Seele des ungeborenen Kindes gelten.[50] Beide symbolisieren das Wiedererwachen der Kräfte im Frühling und im Sommer und stehen für eine ungehemmte Zeugungslust. Während die Kröte auch noch heilbringende Kräfte hat, dient der Frosch einzig und allein Liebes- und Fruchtbarkeitszwecken. In diesen beiden Symbolen ist einerseits noch einmal eine Identifikation mit der Geburtsgöttin ausgedrückt – auf der Tierstufe, das heißt auf der Ebene der Tierseele –, und falls sie aus dieser Identifikation herausfinden, wird eine große Fruchtbarkeit ihres Lebens angedeutet.

Und dennoch, wenn sich Mann und Frau als Frosch und Kröte begegnen, dann hat das nichts mit einer personalen Begegnung zu tun, es symbolisiert ein Weggerissenwerden von einer Triebdynamik und einer archetypischen Dynamik, die kein individuelles Personsein mehr zulässt. Auch sind die beiden sich sehr angeglichen, denn zwischen einer Kröte und einem Frosch besteht kein großer Unterschied. Und deshalb muss ein weiterer Prozess der Trennung, der Besinnung auf sich selbst, und damit verbunden ein Trauerprozess, durchgestanden werden, der auch ein Entwicklungsprozess ist. Diese Wiederannäherung, wie sie hier dargestellt wird und wie sie an sich typisch ist, wenn Menschen, die getrennt waren, sich wiederfinden, ist zu rasch, zu intensiv, zu sehr noch geprägt von der Emotionalität, die zum Nixenkomplex gehört. Deshalb verlieren sie sich auch wieder so total aus den Augen, nachdem das Wasser getrocknet ist, die Trennung ist ebenso radikal, wie es die Wiederannäherung war.

Zeit des Hütens

Als das Wasser sich verlaufen hatte und beide wieder den trockenen Boden berührten, so kam ihre menschliche Gestalt zurück. Aber keiner wusste, wo das andere geblieben war, sie befanden sich unter fremden Menschen, die ihre Heimat nicht kannten. Hohe Berge und tiefe Täler lagen zwischen ihnen. Um sich das Leben zu erhalten, mussten beide die Schafe hüten. Sie trieben lange Jahre ihre Herde durch Feld und Wald und waren voll Trauer und Sehnsucht.

Als das Wasser sich verlaufen hat, sind sie voneinander getrennt durch hohe Berge und tiefe Täler – und sie sind bei fremden Menschen. Lange Jahre treiben sie ihre Herden und sind voll Trauer und Sehnsucht.

Sie verlieren sich aus den Augen, sind an einem Ort, an dem sie sich fremd fühlen, konzentriert auf die Arbeit des Hütens. Schafe zu hüten gilt in Märchen als eine der niedersten Tätigkeiten. Beide müssen sie jetzt selbst für ihren Lebensunterhalt sorgen, niemand kümmert sich um sie. Es ist auffällig, dass der Mann kein Jäger mehr ist. Beide führen die gleiche Tätigkeit aus, beide sind sich ebenbürtig.

Das Hüten ist eine Tätigkeit, bei der man das Zusammenhalten von Tieren übt, die sich gerne ihre eigenen Wege suchen. Versteht man diese Hütetätigkeit symbolisch, dann ist es eine Haltung der Konzentration, die sowohl innerlich als auch äußerlich zur Sammlung führt, da man alle triebhaften Regungen zusammenhält.

Die Situation, in der die beiden jetzt sind, ist dem Lebensbereich der Nixe diametral entgegengesetzt: Im Gegensatz zu der entgrenzenden Emotionalität, die durch die Nixe ausgelöst wird, wird jetzt der andere emotionale Bereich kultiviert, der Bereich der Konzentration auf die leisen Gefühle, die eher die Beziehung zu sich selbst betreffen. Alle diese Bereiche gehören zur Emotionalität. Und wer die entgrenzenden Emotionen liebt, sich gern von ihnen ergreifen lässt, muss auch die Emotionen der Konzentration, des Zentrierens üben – als polare Entsprechung.

Hirtinnen und Hirten umrunden ihre Herden, oder wenn sie es nicht tun, dann haben sie einen Hund, der es für sie besorgt. Wir haben wiederum die Bewegung des Umrundens, die einen Kreis intendiert, der zusammenschließt und einschließt, der Konzentration darstellt. Auch von da aus ist bildhaft eine Konzentration auf sich selbst angedeutet, wie wir es schon im klagenden Umkreisen des Weihers durch die Frau gesehen haben. Dieses Mal machen aber beide dasselbe. Umkreist man eine Sache immer wieder, dann schaut man sie auch von ganz verschiedenen Seiten an – und das gibt letztlich eine ausgewogene Sicht der Dinge. Auch eine ausgewogene Sicht auf das eigene Leben.

Im Zentrum der Gefühle stehen bei der Schäferin und beim Schäfer die Gefühle der Sehnsucht und der Trauer. Jedes der beiden ist im Erleben dieser Gefühle auf sich selbst bezogen. Die Funktion der Trauerarbeit – sei dies nun Trauerarbeit bei Verlust durch Tod oder Trennung, oder bei einer Phase der inneren Trennung[51], bei der ein Partner, eine Partnerin durchaus noch vorhanden, die Beziehung aber unterbrochen ist – ist in der Regel, sich von einem mehr oder weniger bewussten Beziehungsselbst auf das individuelle Selbst zurückzuorganisieren. Man muss sich der Projektionen, die man auf den Partner/die Partnerin gemacht hat, so weit wie möglich bewusst werden, die Delegationen zurücknehmen und sich auch darüber klar werden, welche tieferen unbewussten Paarbilder durch die Liebe belebt und auch gelebt worden sind. Dieser Prozess dürfte in den beiden ablaufen, wenn sie so einsam und selbstgenügsam ihre Schafe hüten. Stellen wir den Nixenbereich dem Bereich der alten weisen Frau gegenüber, wobei sehr deutlich wurde, dass beide letztlich zur gleichen Lebensthematik gehören, auch wenn sie andere Phasen der Leben-Tod-Thematik verkörpern, so sind die beiden im Moment sehr viel mehr im Bereich der weisen alten Frau. Sie leben unter dem Archetyp der weisen Alten und sind dominiert von den Emotionen der Trauer und der Sehnsucht.

Die Trauer ist die Emotion, die uns einen Verlust von etwas signalisiert, das für uns einen großen Wert dargestellt hat, sie ist aber auch die Emotion, durch die wir uns von der Erfahrung des Verlusts ablösen. Die Sehnsucht ist die Emotion, die uns Zukunft entwerfen lässt, in der Sehnsucht zeigt es sich, welche neuen Aspekte unserer Psyche belebt werden, welche neuen Entwicklungsschritte anstehen, die Sehnsucht zieht uns hinaus in das noch nicht gelebte Leben, lässt uns in der Phantasie vorgreifend Leben entwerfen. Sehnsucht und Trauer, in der Verbindung, schärfen das Erleben der eigenen Identität als Einzelne, die sich gerne einem anderen Menschen verbinden möchten, und machen Menschen weit und bereit, sich auf das Leben, auf einen anderen Menschen wiederum einzulassen.

Diese Zeit der Einsamkeit, der Sehnsucht und der Trauer kann verstanden werden als eine Zeit, in der die beiden Liebenden wirklich getrennt sind, sie kann aber auch verstanden werden als eine Zeit der Entfremdung, des Sich-Allein-Fühlens in der Paarbeziehung. Entfremdung als Ausdruck dafür, dass das Erfasstwerden von der rauschhaften Sexualität beide in ihrer bisherigen Existenz erschüttert hat, beide sich auch sehr bedroht gefühlt haben, beide vielleicht auch spüren, dass sie als Kröte und Frosch sich nicht mehr personal begegnen können, im anderen Menschen vielleicht nur noch ein begehrtes Sexualwesen sehen, aber nicht mehr einen Menschen, zu dem man auch eine geistig-seelische Beziehung hat. Im Hüten der Schafe lernen sie aber nicht nur, bei sich selbst zu bleiben und aus einer Zentrierung heraus sich in einer auch mehr geistigen Weise aufeinander zu beziehen, sondern sie lernen auch eine gewisse Fürsorglichkeit dem Lebendigen gegenüber. Sie lernen es, für die Tiere zu sorgen, sie lernen ein Beziehungsverhalten, das von Sorgfalt und Achtsamkeit dem Lebendigen gegenüber geprägt ist, auch gegenüber dem eigenen Körper.

Der Frühling

Als wieder einmal der Frühling aus der Erde hervorgebrochen war, zogen beide an einem Tag mit ihren Herden aus, und der Zufall wollte, dass sie einander entgegenzogen. Er erblickte an einem fernen Bergesabhang eine Herde und trieb seine Schafe nach der Gegend hin. Sie kamen in einem Tal zusammen, aber sie erkannten sich nicht, doch freuten sie sich, dass sie nicht mehr so einsam waren. Von nun an trieben sie jeden Tag ihre Herden nebeneinander, sie sprachen nicht viel, aber sie fühlten sich getröstet. Eines Abends, als der Vollmond am Himmel schien und die Schafe schon ruhten, holte der Schäfer die Flöte aus seiner Tasche und blies ein schönes, trauriges Lied. Als er fertig war, bemerkte er, dass die Schäferin bitterlich weinte. »Warum weinst du?« fragte er. »Ach«, antwortete sie, »so schien auch der Vollmond, als ich zum letzten Mal dieses Lied auf der Flöte blies und das Haupt meines Liebsten aus dem Wasser hervorkam.« Er sah sie an, und es war ihm, als fiele eine Decke von den Augen; er erkannte seine liebste Frau: und als sie ihn anschaute und der Mond auf sein Gesicht schien, erkannte sie ihn auch. Sie umarmten und küssten sich, und ob sie glückselig waren, braucht keiner zu fragen.

Als wieder einmal der Frühling aus der Erde hervorge brochen war … Bei diesem Satz sieht man so richtig, wie aus der Wintererde die neuen Gräser, Blumen und Kräuter herausschießen, man fühlt förmlich den Triumph des Lebendigen über das Erstarrte. Und so kann man denn hoffen, dass sich auch bei den beiden der Frühling ankündigt, eine Wendung zu intensiverem Leben hin sich anbahnt.

Der Zufall will es, dass sie einander entgegenziehen. Der Zufall, vielleicht, vielleicht auch nicht. Sie mögen es als Zufall, als glückliche Wendung in ihrem Leben verstanden haben, als sie einander fanden, nicht mehr so einsam blieben und durch die Begegnung auch etwas getröstet wurden. Aber noch erkennen sie sich nicht. Es findet dieses Mal eine langsame Wiederannäherung statt im Gegensatz zur stürmischen Wiederannäherung am Weiher, ohne großes Begehren. Sie spüren den Trost in der Anwesenheit des jeweils anderen.

Eine solche Zeit des gemeinsamen »die Schafe Hütens« könnte man verstehen als eine Situation, in der ein Paar, das durch eine große Entfremdung gegangen ist, zumindest wieder die alltägliche Arbeit miteinander tut, sich vielleicht wieder um die Kinder sorgt. Sie sind froh darüber, dass zumindest eine liebevolle Nähe im Bewältigen des alltäglichen Lebens wieder hergestellt ist, wenn auch die faszinierende Liebe fehlt – und möglicherweise auch nie mehr zurückkommen wird. Das gemeinsame Besorgen des Alltags ist auch ein Aspekt einer Liebesbeziehung, und wo diese Möglichkeit fehlt, hat eine leidenschaftliche Beziehung keinen wirklichen Boden.

In unserem Märchen ist diese Form der Beziehung eine Übergangssituation. Als wieder einmal der Vollmond scheint, als wiederum ein Zyklus der Zeit vorüber ist, spielt der Schäfer auf der Flöte ein schönes, trauriges Lied. Dies erinnert die Schäferin daran, wie sie am Weiher bei Vollmond dieses Lied gespielt hat und der Oberkörper ihres Liebsten aus den Fluten auftauchte.

Jetzt sieht er sie wirklich an und erkennt sie als seine liebste Frau – und sie sieht ihn an, und als der Mond auf sein

Gesicht scheint, erkennt auch sie ihn. Im Mondenschein und im Zeichen des Mondes erkennen sie einander. »Erkennen« meint hier wohl im biblischen Sinne sich zu lieben, dass eine ganzheitliche Liebe nun wieder erlebbar ist.[52]

Auch der Schäfer spielt jetzt bei Vollmond auf der Flöte. Auch er lässt sich von der Zeit des Vollmondes bestimmen. Und sie erkennt ihn, als der Mond auf sein Gesicht scheint. Das Mondhafte, Gefühlshafte, das so sehr vom zyklischen Wandel bestimmt ist, lässt beide einander auf eine ganz neue Weise erkennen. Es geht jetzt nicht mehr darum, was jedes der beiden in der Welt darstellt oder welche äußeren Attribute sie haben, sie erkennen sich aus einer viel tieferen, seelischen Begegnung heraus.

Die Flöte des Mannes stammt von der alten Frau und ist offenbar durch die Hände seiner Frau und die der Nixe in seinen Besitz übergegangen. Statt eines Gewehrs hat er nun eine Flöte. Das ist es offenbar, was ihm gefehlt hat: das Ausdrücken einer ganzen Skala von Gefühlen, auch der abgründigen, das Spielen mit der Luft. An sich hätte man ja denken können, dass die Nixe die Gegenstände für sich beansprucht hat – zumindest mit der Flöte hat sie es nicht getan. Die war offenbar für den Mann gedacht gewesen. Jetzt hat er bewiesen, dass er auch sein ureigenes Lied spielen, dass er die ganze Skala seiner Gefühle ausdrücken kann – und dass dieses sein Lied zugleich ihr Seelenlied ist. Jetzt kann er ihr auf eine sehr gefühlvolle Weise seine innersten Sehnsüchte mitteilen. Und der Ausdruck dieser Gefühle rührt auch ihre Gefühle tief an. Die Gefühlsdifferenzierung, die sie damals am Weiher geleistet hat, ist unterdessen auch von ihm geleistet worden. Jetzt können sie wirklich in eine ganzheitliche Liebesbeziehung zueinander treten.

Sie sehen sich wirklich an – und sie erkennen sich. Sich ansehen, den Menschen wirklich wahrnehmen – sich selbst gesehen fühlen – das ist das eine. Sich erkennen aber geht sehr viel weiter, sich erkennen meint nichts anderes als sich lieben. Die beiden erinnern sich an die alte Liebe, und während sie sich erinnern, bricht auch neu die Liebe wieder auf.

Jetzt erkennen sie einander wirklich, sie werden nicht mehr von der nur triebhaften Seite weggerissen, sie haben die feinen emotionalen Aspekte der Bezogenheit mit eingebaut, so dass die Nixe, aber auch die alte Weise mitleben können.

Was wir lernen können

Das Märchen zeigt sehr subtil einen langwierigen Entwicklungsprozess, an dessen Ende zwei Menschen wirklich in »die Liebe eingeweiht«[53] worden sind. Sie sind von leidenschaftlichen Emotionen überwältigt worden – er durch die Erotik und Sexualität, sie durch die Trauer –, und Schritt für Schritt, der eine im Erdauern, die andere im psychischen Abarbeiten, haben sie gelernt, mit leidenschaftlichen, entgrenzenden Gefühlen umzugehen. Sie sind ihrem emotionalen Selbst in einer unausweichlichen Art begegnet und dadurch zu sich selbst gekommen und gleichzeitig auch fähig geworden, sich in einer ganzheitlichen Liebesbeziehung, die nichts ausschließen muss, zu begegnen.

Das Märchen lehrt uns, dass wir, wollen wir mit mehr Intensität leben, dies erst dann können, wenn wir auch die leiseren Gefühle kultivieren und lernen, in Trauer und Sehnsucht bei uns selbst zu bleiben. Wie groß ist in einer solchen Situation die Versuchung, Ablenkung von außen zu suchen, sich ständig Menschen zu suchen, mit denen man über den Kummer sprechen kann. In subtiler Weise macht das Märchen deutlich, dass es eine Zeit gibt, über den Kummer zu sprechen – am richtigen Ort –, dass es aber auch eine Zeit gibt, tätig zu schweigen, tätig bei sich selbst zu sein.

Die Probleme, die der Müller zu Beginn des Märchens zu lösen gehabt hätte, sie sind jetzt gelöst: Im Zeichen des Mondes ist das Gesetz von Leben – Tod – Leben akzeptiert, eine Ablösung aus einer Haltung, die das Leben nur als glücksspendende Mutter haben will, ist erfolgt, und damit ist auch die Neigung zu Depression geringer geworden.[54] Die Nixe kann mitleben, die Integration der leidenschaftlichen, sehnsüchtigen, entgrenzenden Gefühle ist zumindest den beiden im Märchen gelungen. Die Nixe dürfte für sie nicht mehr einfach nur ein Angstwesen sein, die Angst vor der Faszination ist bedeutend geringer geworden.

Das Umgehen mit der Faszination des Partners oder der Partnerin

Was wir aber vor allem lernen können an diesem Märchen, ist der Umgang mit einem Partner, mit einer Partnerin, der oder die von einer heftigen Faszination erfasst ist. Denn solche Faszinationen kommen ja im Alltag durchaus vor und bringen große Unruhe in eine Paarbeziehung hinein. Nicht immer sind wir bereit, einen Entwicklungsweg zu beschreiten, wie ihn das Märchen vorschlägt. Recht schnell sind wir oft mit dem Ultimatum zugange: entweder die Faszination oder ich. Handelt es sich allerdings um eine Faszination, die nicht mit einem anderen Menschen zu tun hat, sind wir in der Regel so großzügig, dass der Partner oder die Partnerin an die Faszination verloren gegeben wird, ohne dass etwa gekämpft würde. Die Beziehungen werden dann nur entleert. Die Szene der Frau am Weiher findet dann nicht statt. Der Jäger ist auf dem Grunde des Weihers, die Frau lebt weiter im gemütlichen Häuschen – und wartet. Vielleicht.

Ob die Beziehung weitergehen wird, hängt also davon ab, ob die Szene am Weiher stattfindet, ob ein Verlust erlebt und ob dieser Verlust dann auch betrauert wird. Ob allerdings auch ein Partner oder eine Partnerin aus einer Faszination zurückgewonnen werden kann, hängt auch davon ab, dass der oder die Nichtfaszinierte auf den Menschen, der eine Faszination erlebt, bezogen bleibt, dass sie wissen: Von einer Faszination erfasst worden zu sein ist nicht einfach ein Charakterfehler, sondern ein Schicksal. Es ist also schon einmal ganz gut zu wissen, dass das Problem der Faszination durchaus häufig auftritt und dass die Abwehr der Faszination nicht unbedingt die Lösung ist, sondern möglicherweise nur eine depressive Verstimmung bewirkt. Faszinationen können auch nicht einfach geopfert werden, sie erfordern eine langwierige gefühlsmäßige Differenzierung.

Das Märchen spricht für den Ausgang der Faszination eine besonders günstige psychische Situation an: Beide haben einen Nixenkomplex, die Rückverführung aus der Faszination heraus kann dadurch erfolgen, dass die Frau entwickelt, was in ihr auch angelegt ist und was den Mann fasziniert. Das ist zwar oft so, das ist aber nicht einfach die Regel, und es wäre natürlich fatal, würden alle Frauen einfach einmal versuchen herauszufinden, was denn den Mann fasziniert, und ungeachtet ihrer eigenen Lebensaufgaben und ihrer eigenen Identität etwas entwickeln, was ihn faszinieren könnte. Das geht so nicht – das geht auch im umgekehrten Fall nicht: Frauen und Männer können nur das glaubhaft und auf die Dauer tragend entwickeln, was wirklich jeweils zu ihnen gehört und als eigene Entwicklungsaufgabe ansteht.

Bei kollektiven Problemen, wenn man die Faszination verdrängt, weil es so Mode ist, und dieses Verdrängte sich dem Bewusstsein wieder aufdrängt, wird die mögliche Beschäftigung damit auch davon abhängen, wie weit dieses kollektive Problem auch ein eigenes Problem ist. Ist es »nur« ein kollektives Problem, dann wird sich nie eine existentiell so einschneidende Begleitung eines faszinierten Partners oder einer faszinierten Partnerin ergeben, wie dies in unserem Märchen zum Ausdruck kommt. Auch wenn vielleicht in der Wirklichkeit die Auseinandersetzung mit einem faszinierten Partner oder einer faszinierten Partnerin nicht immer so erfolgversprechend zu sein scheint wie in diesem Märchen: Das Märchen regt an, emotional beim faszinierten Partner zu bleiben, die dabei entstehenden Gefühle auszudrücken und auszuhalten, geduldig und beharrlich zu entwickeln, was im eigenen Leben ansteht, und dabei nicht die emotionale Bezogenheit auf den Partner und auf die Beziehung zu verlieren, sei dies nun in der Trauer, in der Verzweiflung oder in der Sehnsucht. Das wäre Lebensweisheit im Umgang mit Faszination, darin würde sich die alte Weise zeigen – und die Nixe wäre auch nicht weit!

Anmerkungen

1 Die Nixe im Teich. In: KHM II. 181, Manesse, Zürich 1946, S. 456
2 vgl. Graumantel. Aus: Deutsche Volksmärchen. Neue Folge, hrsg. von Elfriede Moser-Rath
3 Kast, Verena: Freude, Inspiration, Hoffnung, S. 157ff.
4 Kast, Verena: Imagination als Raum der Freiheit
5 Bolte, Johannes/Polivka
6 Kast, Verena: Vater – Töchter, Mutter – Söhne, S. 51ff., 89ff., 322ff.
7 Bächtold-Stäubli, Bd. 9, S. 127ff.
8 ebd., S. 150
9 Burkert, Walter: Homo necans, S. 191
10 Grant, Michael/Hazel, John
11 Gimbutas, Marija: The Language of the Goddess
12 ebd., S. 111
13 ebd., S. 111
14 Bächtold-Stäubli, Bd. 7, S. 1564
15 ebd., S. 1563
16 ebd., Bd. 1, S. 1679
17 Gimbutas, M.: The Language …, S. 109
18 siehe Ranke, Kurt, Bd. 2, S. 707
19 Kast, V.: Vater – Töchter, Mutter – Söhne …, S. 109ff.
20 Kast, V.: Freude, Inspiration, Hoffnung …, S. 157ff.
21 Kast, V.: Dynamik der Symbole, S. 44ff.
22 Kast, V.: Vater – Töchter, Mutter – Söhne …, S. 109ff.
23 Gimbutas, M.: The Language …, S. 111
24 Kast, V.: Die Dynamik der Symbole …, S. 44ff.
25 Das Erdkühlein, in: Kast, V.: Familienkonflikte im Märchen
26 Gimbutas, M.: The Language …, S. 113
27 Burkert, W.: Homo necans …, S. 24
28 ebd., S. 24
29 ebd., S. 72
30 ebd., S. 29
31 ebd., S. 63
32 Kast, V.: Trauern, S. 158
33 Kast, Verena: Sich einlassen und loslassen
34 Kast, V.: Der schöpferische Sprung, S. 53f.

35 Riedel, Ingrid: Die weise Frau in uralt-neuen Erfahrungen, vor allem zu diesem Märchen auch S. 76ff.
36 Riedel, I.: Die weise Frau …. S. 152ff.; Kast, V.: Imagination als Raum der Freiheit …, S. 109–117
37 Kast, V.: Imagination als Raum der Freiheit …, S. 109ff.
38 Kast, V.: Vom Vertrauen in das eigene Schicksal. Der Teufel mit den drei goldenen Haaren
39 Zaunert, P.: Deutsche Märchen seit Grimm, S. 145 (in der Ausgabe von 1964 ist das Märchen leider nicht aufgenommen)
40 Kast, Verena: Wege zur Autonomie, S. 15ff.
41 Riedel, I.: Die weise Frau …, S. 18ff.
42 von Franz, Marie-Louise: Bei der schwarzen Frau. Deutungsversuch eines Märchens. In: Laiblin, Wilhelm (Hrsg.): Märchenforschung und Tiefenpsychologie, Darmstadt, S. 95ff.
43 Kast, V.: Imagination als Raum der Freiheit …, a. a.O.
44 Kast, Verena: Der schöpferische Sprung, S. 2
45 Kast, V.: Die Dynamik der Symbole …, S. 181
46 Kast, Verena: Märchen als Therapie
47 Bächthold-Stäubli, Bd. 9, S. 152
48 Kast, Verena: Liebe im Märchen
49 Gimbutas, M.: The Language …. S. 67
50 ebd., S. 256
51 Kast, V.: Sich einlassen und loslassen, S. 27ff.
52 Genesis 4,1
53 Riedel, I.: Die weise Frau …, S. 76ff.
54 Kast, V.: Vater – Töchter, Mutter – Söhne …, S. 97ff.

Literaturverzeichnis

Bächtold-Stäubli, H. (Hrsg.): Handwörterbuch des Deutschen Aberglaubens, Berlin, Leipzig 1936, 37

Bolte, Johannes/Polivka, Gary: Anmerkungen zu den Kinder- und Hausmärchen der Brüder Grimm, Hildesheim 1963

Burkert, Walter: Homo necans, Berlin, New York 1972

Das Erdkühlein. In: Kast V.: Familienkonflikte im Märchen. Eine psychologische Deutung, Ölten 1984, 94(4), dtv 15042

Deutsche Volksmärchen. Neue Folge, hrsg. von Elfriede Moser-Rath, Düsseldorf, Köln 1966

Die Nixe im Teich. In: KHM II. 181, Manesse, Zürich 1946, S. 456

Die Nixe im Teich. In: Kast, V.: Wege aus Angst und Symbiose, Ölten 1982, 91(9), dtv 15031, 91(5)

von Franz, Marie-Louise: Bei der schwarzen Frau. Deutungsversuch eines Märchen. In: Laiblin, Wilhelm (Hrsg.): Märchenforschung und Tiefenpsychologie, Darmstadt

Gimbutas, Marija: The Language of the Goddess, San Francisco 1989

Grant, Michael / Hazel, John: Lexikon der antiken Mythen und Gestalten, München 1980

Kast, Verena: Trauern. Phasen und Chancen des psychischen Prozesses, Stuttgart, 1982, 92(13)

Kast, Verena: Wege aus Angst und Symbiose, Ölten 1982, 91(9), dtv 15031, 91(5)

Kast, Verena: Familienkonflikte im Märchen. Eine psychologische Deutung, Ölten 1984, 94(4), dtv 15042

Kast, Verena: Vom Vertrauen in das eigene Schicksal. Der Teufel mit den drei goldenen Haaren, Stuttgart 2001

Kast, Verena: Wege zur Autonomie, Märchen psychologisch gedeutet, Ölten 1986, 89(7)

Kast, Verena: Märchen als Therapie, Ölten 1986, 93(4)

Kast, Verena: Der schöpferische Sprung. Vom therapeutischen Umgang mit Krisen, Ölten 1987, 90(5)

Kast, Verena: Imagination als Raum der Freiheit. Dialog zwischen Ich und Unbewusstem, Ölten 1988, 91(4)

Kast, Verena: Dynamik der Symbole. Grundlagen der Jungschen Psychotherapie, Ölten 1990, (91(3)

Kast, Verena: Liebe im Märchen, Ölten 1992
Kast, Verena: Freude, Inspiration, Hoffnung, Ölten 1991
Kast, Verena: Sich einlassen und loslassen. Neue Lebensmöglichkeiten bei Trauer und Trennung, Freiburg 1994
Kast, Verena: Vater – Töchter, Mutter – Söhne. Wege zur eigenen Identität aus Vater- und Mutterkomplexen, Stuttgart 1994
Ranke, Kurt (Hrsg.): Enzyklopädie des Märchens, Berlin 1979, Bd. 2
Riedel, Ingrid: Die weise Frau in uralt-neuen Erfahrungen, Ölten 1989
Zaunert, P.: Deutsche Märchen seit Grimm, Jena 1922 (in die Ausgabe von 1964 ist das Märchen »Die Nixe im Teich« leider nicht aufgenommen)